Kleeblatt

Das Heimat- und Sachbuch 4

Neubearbeitung

Erarbeitet von
Roland Blaufelder
Lothar Brey
Rolf Kimberger
Ralph Kröner
Anneliese Pollak
Christa Weinzierl

Schroedel

Inhalt

Demokratie und Gesellschaft

Körper und Gesundheit

Natur und Umwelt

* = optionales Thema, nicht Inhalt des LehrplanPlus

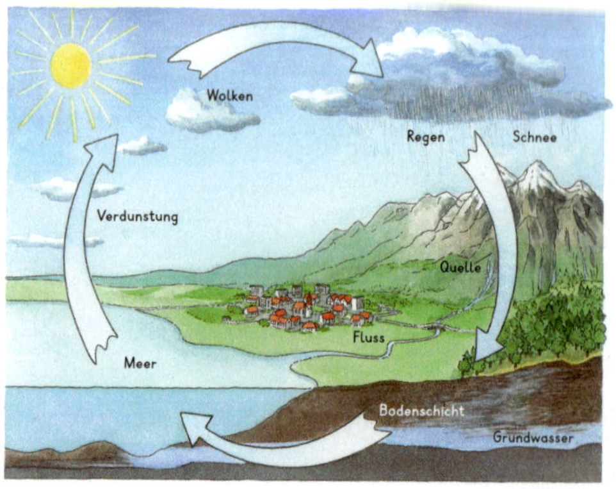

Zeit und Wandel

Raum und Mobilität

Technik und Kultur

Computerwerkstatt

Methoden-Werkstatt

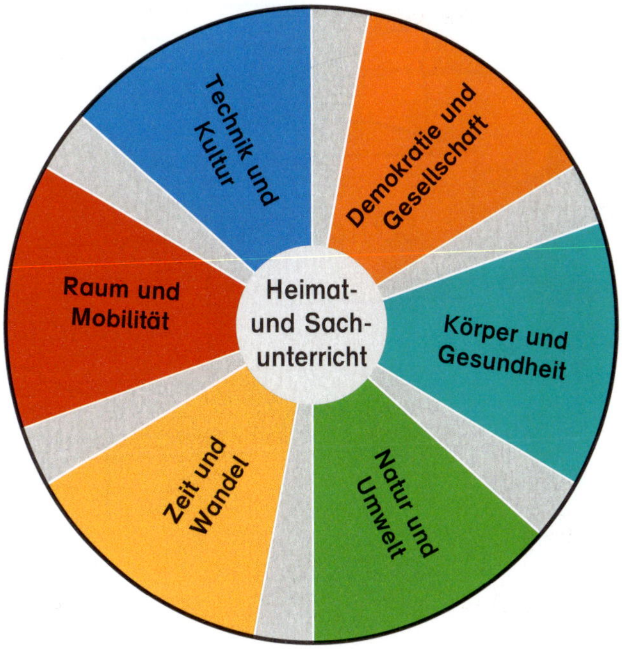

Umgang mit Konflikten

Wenn Kinder zusammen sind, kann es vorkommen, dass ein Streit entsteht. Das ist ganz normal und kein großes Problem. Schwierig wird es nur, wenn die Kinder nicht nach fairen Regeln streiten, sondern schlimme Fehler machen. Dann kann aus einem einfachen Streit ein großer Konflikt werden.
Das Wort Konflikt kommt aus der lateinischen Sprache und bedeutet Aufprall. Meinungen, Verhalten und Gefühle prallen aufeinander.
Es kommt zu Ärger, Wut, sogar zu Verletzungen und Schmerzen. Dadurch ist es nicht leicht, sich wieder zu versöhnen.

Wie unüberwindliche Hindernisse stehen die falschen Verhaltensweisen einer Versöhnung im Wege.
Wer nicht möchte, dass ein Streit zum Konflikt wächst, muss das Verhalten vermeiden, das auf den Hindernissteinen notiert ist.

1. Lies dir durch, welche Verhaltensweisen einen Streit zum Konflikt werden lassen. Ergänze, was noch dazu beitragen kann.
2. Berichte von Streitgeschichten, die du erlebt hast. Welche Hindernisse standen im Weg?
3. Wie gelang es, sich wieder zu vertragen?

■ Gemeinsam leben und arbeiten, Seite 6/7

Wenn ein Konflikt besteht und die Hindernisse nicht aus dem Weg geräumt werden können, entsteht ein Zwiespalt. Das Wort bedeutet „in zwei Stücke gespalten" und meint, dass man getrennt voneinander ist.
Selbst ein großer Zwiespalt lässt sich wieder beseitigen. Je nach Situation kann das richtige Verhalten voneinander getrennte Kinder wieder zusammenführen.

(4) Lies, durch welches Verhalten ein Konflikt gelöst werden kann. Ergänze, was noch dazu beiträgt.

(5) Erzähle von einem erfolgreich beendeten Konflikt, den du erlebt hast. Welche Brücken waren hilfreich?

Das ist eine ungeordnete Auswahl von Bemerkungen, die man bei Konflikten oft hört. Manche Sätze helfen, den Zwiespalt zu überbrücken, manche vertiefen ihn nur.

A) Entschuldige bitte.
B) Immer willst du alles bestimmen!
C) Es tut mir leid.
D) Nie bin ich dran!
E) Du hast angefangen!
F) Ich wollte dir nicht wehtun.
G) Wenn wir miteinander reden, habe ich das Gefühl, du hörst mir nicht zu.
H) Du verstehst überhaupt nichts!

(6) Ordne in einer Tabelle:
hilfreiche Sätze – schädliche Sätze.

(7) Suche für beide Spalten weitere Beispiele.

Gemeinsam leben und arbeiten

Konflikte selbst lösen

Lilli und Bert vertragen sich nicht gut. Heute zanken sie sich auf dem Schulhof. Ihr Streit wird immer heftiger und sie finden beide keine Lösung.

Da kommen Silvio und Rita zu ihnen. Sie haben ein Training als Streitschlichter mitgemacht und versuchen zu helfen.

(1) Schau dir die Bildergeschichte an und lies die Texte.

Viele Gespräche enden jetzt erfolgreich, wenn die Streitenden bereit sind, sich zu versöhnen.

Manchmal kann aber beim ersten Gespräch keine Lösung gefunden werden. Die Streitenden können sich noch nicht einigen.

Diese Möglichkeiten gibt es für den Schluss der Geschichte.

(2) Überlegt euch eine Konfliktsituation. Spielt die Situation und mögliche Lösungswege im Rollenspiel vor.

Schritte zur Konfliktlösung

Viele Konflikte können von den Kindern allein gelöst werden. Sie müssen dafür ihren Streit unterbrechen und ohne Wut und Gewalt ein Gespräch führen. Das ist gar nicht so leicht, wenn die Streitenden sehr erregt sind. Oft ist es nötig, dass besonnene unparteiische Mitschüler oder ausgebildete Schlichter helfen. Die Gespräche laufen nach festen Regeln ab. Die Helfer achten darauf, dass diese Regeln eingehalten werden:

1. Beide Streitenden wollen reden.
2. Sie wollen sich an Regeln für ein friedliches Gespräch halten.
3. Beide sagen nacheinander mit Ich-Sätzen, wie sie das Problem erlebt haben.
4. Jeder fragt nach, wenn er etwas nicht verstanden hat. Jeder hört gut zu.
5. Beide sagen, wie sie sich eine Lösung vorstellen.
6. Bei einer Einigung geben sie sich die Hand, sonst verabreden sie sich für später.

Aufgaben der Gemeinden und Städte

Die Schüler der Klasse 4a haben schon längere Zeit Informationen über ihre Gemeinde gesammelt. Amtliche Bekanntmachungen werden im Mitteilungsblatt veröffentlicht. Informationen über Vereine, Behörden, Gemeindedaten und Geschichtliches findet man im Internet oder im Bürgerbuch. Zusammen mit ihrem Lehrer macht die Klasse einen Unterrichtsgang in das Rathaus. Für das Interview mit dem Bürgermeister haben sie viele Fragen vorbereitet.

Bürgermeister Schmidt erklärt: „Der Gemeinderat verwaltet die Gemeinde und vertritt die Interessen der Bürger. In unserer Gemeinde gehören dem Rat der Bürgermeister und 20 Gemeinderatsmitglieder an. Die Zahl der Ratsmitglieder ist von der Einwohnerzahl abhängig. In München zum Beispiel gibt es 80 Stadträte.

Unsere Gemeinde beschäftigt in der Verwaltung 19 Beamte und Angestellte. Daneben gibt es noch Reinigungskräfte, zwei Hausmeister für die Schulen und die Arbeiter der Gemeindewerke, die vor allem für die Wasserversorgung und Abwasserentsorgung zuständig sind.

Um alle Aufgaben erfüllen zu können, braucht die Gemeinde Geld. Das bekommt sie durch Steuern und Gebühren."

1. Sammelt Informationen über eure Gemeinde oder Stadt. Benutzt dazu auch das Internet.
2. Informiert euch, welche Ämter es bei euch gibt.
3. Wie viele Gemeinde- oder Stadträte gibt es in eurer Gemeinde/in eurer Stadt?
4. Fragt eure Eltern, welche Steuern und Gebühren sie an die Gemeinde zahlen müssen.

Im Interview hat Bürgermeister Schmidt viele Aufgaben der Gemeinden und Städte aufgezählt.

(5) Erläutert, für welche Aufgaben die Gemeinde oder Stadt zuständig ist.

(6) Welche Einrichtungen gibt es bei euch?

(7) Stellt ein Schaubild her über die öffentlichen Einrichtungen eurer Gemeinde oder eures Stadtteils.

Besuch bei der Gemeinde

Ein Unterrichtsgang zum Rathaus muss gut vorbereitet sein.

1. Vereinbart mit der Bürgermeisterin oder dem Bürgermeister einen Termin für den Besuch.
2. Sucht das Rathaus auf dem Ortsplan oder Stadtplan und legt den Weg vom Schulhaus zum Rathaus fest.
3. Was interessiert euch an der Gemeinde oder eurem Stadtteil? Sammelt Fragen.
4. Nehmt Fragen und Antworten mit einem Diktiergerät auf oder notiert sie.
5. Gestaltet mit euren Ergebnissen eine Wandzeitung.

Ein Wegweiser durch das Rathaus

Erdgeschoss:
Zi. 01: Kämmerei
02: Steuern, Beiträge, Gebühren
03: Personalverwaltung
04: Kasse
05: Sicherheit und Ordnung, Straßenverkehr
06: Einwohnermeldeamt
07: Soziales
08: Marketing und Tourismus
09: Veranstaltungen, Jugend und Sport
10: Kulturamt

1. Obergeschoss
Zi. 11: Trauungsraum
12: Sitzungssaal
13: Besprechungszimmer

2. Obergeschoss
Zi. 21: Bürgermeister(in)
22: Sekretariat Bürgermeister(in)
23: Hauptverwaltung
24: Standesamt
25: Gemeindeplanung und Hochbau
26: Baurecht und Umwelt
27: Tiefbau und Entwässerung
28: Grundstücks- und Gebäudebewirtschaftung

- Finanzplanung der Gemeinde
- Vermögens- und Schuldenverwaltung der Gemeinde

- Grund- und Gewerbesteuer
- Hundesteuer
- Abwassergebühren

- Löhne und Gehälter der Gemeindebediensteten

- Feuerwehrwesen
- Örtliche Straßenverkehrsbehörde

- Pässe und Ausweise
- Vorbereitung und Durchführung von Wahlen
- Fundsachen

- Sozialhilfe und Wohngeld
- Schwerbehindertenangelegenheiten
- Obdachlosenfürsorge

- Förderung des Fremdenverkehrs
- Förderung von Kunst und Kultur
- Städtepartnerschaft

- Verwaltung der Sporthallen
- Förderung der Jugendarbeit und Betrieb des Jugendzentrums

- Öffentlichkeitsarbeit
- Schulen und Kindergärten

- Beurkunden von Geburten, Eheschließungen und Sterbefällen
- Friedhofsverwaltung

- Städtebauliche Planung
- Umweltschutz

- Kanalbau und Kläranlagen
- Straßenbau und Straßenunterhaltung
- Abfallverwertung

- Verwaltung und Betrieb der Grundstücke und der Gebäude der Gemeinde
- Forstbetrieb

Übrigens

Je größer eine Gemeinde ist, desto mehr Ämter und Büros gibt es.
In großen Städten kann es mehrere Bürgermeister und Rathäuser geben.

■ Aufgaben der Gemeinden und Städte, Seite 8/9

(1) Wo bekommen die Bürger Informationen und Hilfe? Findet für die Beispiele A bis G die richtigen Stellen bzw. Zimmer:

A Wir wollen heiraten.
B Oma muss die Hundesteuer bezahlen.
C Ulrike hat den Schlüssel verloren.
D Ich bin umgezogen.
E Frau Köhler hat ein Baby bekommen.
F Opa benötigt einen neuen Schwerbehindertenausweis.
G Familie Breu möchte ein Wohnhaus bauen.

(2) Informiert euch, welche Ämter es in eurer Gemeindeverwaltung gibt.

Besuch einer Gemeinderatssitzung

Die Klasse 4a besucht eine Sitzung des Gemeinderats. Vor der Sitzung erklärt eine Gemeinderätin, wie die Bürgermeisterin oder der Bürgermeister und der Gemeinderat gewählt werden:

„Ich bin Gemeinderätin. Alle sechs Jahre wählen die Bürger der Gemeinde ihre Vertreter und die Bürgermeisterin oder den Bürgermeister. Jeder Wahlberechtigte in der Gemeinde kann sich einer Gruppe oder Partei anschließen und sich für die Wahl zum Gemeinderat aufstellen lassen.
Bei der demokratischen und geheimen Wahl kreuzen die Bürger auf einem Stimmzettel die Namen derjenigen an, die sie wählen wollen. Alle Bürger mit deutscher oder europäischer Staatsangehörigkeit, die 18 Jahre alt sind und seit mindestens 3 Monaten in der Gemeinde wohnen, sind wahlberechtigt.
Die Stimmzettel werden ausgezählt. Der Bürgermeister leitet den Gemeinderat. Der Gemeinderat stellt Anträge, berät über sie, stimmt ab oder beschließt."

Wie werden die Bürgermeisterin/der Bürgermeister und der Gemeinderat gewählt?

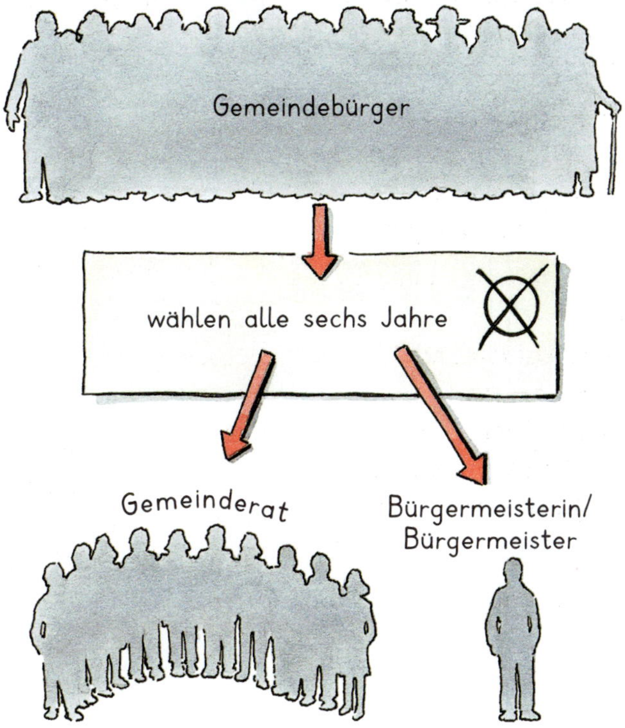

(3) Erkläre, wie Bürgermeisterin/Bürgermeister und Gemeinderat gewählt werden.

Meinungen bilden, Entscheidungen treffen

Die Gemeinden haben vielfältige Aufgaben und es müssen Entscheidungen getroffen werden. Viele werden vom Gemeinderat oder Stadtrat beschlossen.

Bevor der Gemeinde- oder Stadtrat etwas beschließen kann, sind viele Arbeitsschritte nötig: Alle Gemeinde- oder Stadträte werden schriftlich über die Vorhaben informiert, damit sie sich eine Meinung bilden können. Die Bürgermeisterin/der Bürgermeister eröffnet die Sitzung und gibt die Tagesordnung mit den Themen bekannt. Alle Themen werden ausführlich diskutiert. Bei schwierigen Angelegenheiten, etwa der Aufstellung eines neuen Bebauungsplanes, wird ein Experte, zum Beispiel ein Architekt, hinzugezogen. Dieser stellt den Bebauungsplan vor und erläutert ihn.

In der Bürgerversammlung werden die Bürger der Gemeinde über größere Projekte informiert. Die Bürgermeisterin/der Bürgermeister stellt das Thema vor und erläutert das geplante Vorgehen. Anschließend können die Bürger ihre Meinung zu dem jeweiligen Projekt äußern. Später wird dann im Gemeinderat oder Stadtrat über das Vorhaben abgestimmt. Die einfache Mehrheit, mehr als die Hälfte der abgegebenen und gültigen Stimmen, entscheidet, ob es abgelehnt oder angenommen wird. Bei Stimmengleichheit ist das Vorhaben abgelehnt. Die Mehrzahl der Gemeinderatssitzungen ist öffentlich und jeder Bürger kann zuhören.

Durch Gespräche mit den Gemeinde- oder Stadträten haben die Bürger die Möglichkeit, an der Gemeindepolitik teilzunehmen. Sie tragen damit zur Meinungsbildung bei. Die Gemeinde- oder Stadträte vertreten die Meinung ihrer Wähler zum Wohle der Gemeinde.

Sind die Bürger mit der Gemeindepolitik zufrieden, bestätigen sie durch eine Wiederwahl ihre Gemeinde- und Stadträte. Gab es Entscheidungen, die die Mehrheit der Bevölkerung ablehnte, können die Bürger andere Gemeinderäte ihres Vertrauens wählen.

(1) Erkläre, wie sich Gemeinde- oder Stadträte informieren, um sich eine Meinung zu bilden und Entscheidungen zu treffen.

(2) Welche Möglichkeiten haben die Bürger, auf die Meinungsbildung im Gemeinderat Einfluss zu nehmen?

■ Ein Wegweiser durch das Rathaus, Seite 10/11

Bürgerbegehren und Bürgerentscheid

Der Gemeinderat hat beschlossen, eine Windkraftanlage zu genehmigen. Durch den Bau der Anlage wird aber ein Feuchtbiotop zerstört. Deshalb wollen Bürger den Bau verhindern und bilden eine Bürgerinitiative.
Sie stellen einen Antrag an den Gemeinderat, dass alle Bürger über das Vorhaben abstimmen. Diesen Antrag nennt man Bürgerbegehren.
Weil sich genügend Bürger dem Begehren anschließen, werden nun alle wahlberechtigten Bürger der Gemeinde aufgefordert, für oder gegen die Windkraftanlage zu stimmen.
Die meisten Bürger stimmen gegen die Windkraftanlage. Diese Abstimmung und das Ergebnis werden Bürgerentscheid genannt. Der Gemeinderat ist überstimmt worden und die Anlage wird nicht gebaut.Hätte die Mehrheit der Bürger für die Anlage gestimmt, wäre sie gebaut worden.
Es kommt aber nicht bei allen Streitfällen zwischen dem Gemeinderat und den Bürgern nach dem Bürgerbegehren auch zum Bürgerentscheid. Wenn der Gemeinderat auf das Begehren eingeht und es umsetzt, entfällt der Bürgerentscheid.

(1) Erkundige dich, ob es in deiner Gemeinde schon einmal einen Bürgerentscheid gab.

(2) Spielt die einzelnen Schritte eines Bürgerbegehrens und eines Bürgerentscheids im Rollenspiel nach.

Demokratische Entscheidungen akzeptieren

Natürlich kann es passieren, dass man mit seinem Antrag im Gemeinderat oder mit seinem Bürgerentscheid keinen Erfolg hat, weil die dafür erforderliche Mehrheit nicht zustande kommt. Diese demokratischen Entscheidungen müssen akzeptiert werden, auch wenn es den Beteiligten nicht immer leicht fällt.

Vertraute und fremde Kulturen

Jedes Jahr wird ein Wettkampf für Fußballmannschaften der Grundschulklassen durchgeführt.

Diesmal war die Klasse 4a der Sternschule Sieger des Turniers. Stolz zeigen die Kinder den gewonnenen Pokal.

Maria

In unserer Schule gibt es viele Kinder aus anderen Ländern. Ich bin Deutsche und ich verstehe mich mit ihnen sehr gut. Viele Kinder spielen beim Fußball in unserer Klassenmannschaft mit. Wir hatten alle ein gemeinsames Ziel und wollten den Pokal gewinnen. Unser Team war das beste und ich habe als Außenstürmerin gut gespielt.

Halil

Ich bin in Deutschland geboren, aber meine Eltern kommen aus der Türkei. Ich habe viele Freunde in der Klasse. Im Sommer fahren wir immer zu meinen Verwandten in die Türkei. Aber auch in Deutschland treffen sich meine Eltern oft mit anderen türkischen Familien. Einmal in der Woche habe ich in der Moschee Religionsunterricht. Beim Fußball spiele ich in der Abwehr.

Vitalij

Vor langer Zeit haben meine Vorfahren in Deutschland gelebt. Sie sind dann aber vor vielen Jahren nach Russland ausgewandert. Ich bin dort geboren. Vor vier Jahren bin ich mit meinen Eltern und Großeltern wieder nach Deutschland gekommen. Ich lebe gern hier und spreche die deutsche und die russische Sprache. Beim Fußball bin ich der Mittelstürmer.

Ftoro

Ich bin in Haiti geboren. Das ist ein Land in Mittelamerika. Meine Familie war sehr arm. Wir lebten alle zusammen in einem großen Zimmer oder auf der Straße. Bei einem Erdbeben wurde meine ganze Familie getötet. Ich wurde von einer deutschen Familie adoptiert. Hier ist es sehr schön. Ich finde die Schule prima. In Haiti hätte ich nicht so viel lernen können. Beim Fußball bin ich ein guter Torwart.

1. Vergleiche die Aussagen der Kinder über ihre Herkunft.
2. Überlege, wo du bei uns Mitmenschen aus anderen Ländern begegnest.
3. Nenne ausländische Sportlerinnen und Sportler, die für deutsche Vereine spielen.

■ Unterschiedliche Lebensweisen achten, Seite 16
■ Die Welt zu Gast bei uns, Seite 17
■ Europa, Seite 95
■ Weltkarte, Seite 98/99

Der Pokalgewinn soll gefeiert werden. Die Kinder schlagen vor, dass auf dem Schulhof mit den Eltern gegrillt werden soll. Alle finden diesen Vorschlag gut und so treffen sich viele Familien zum Klassenfest.
Alle Familien bringen etwas zum Essen mit. Marias Vater grillt Würstchen.
Halils Vater brät auf seinem Grill türkische Frikadellen.
Es gibt mehrere Salate, Brote und Getränke.

Etoro bietet Halil einen tropischen Fruchtsalat an und sagt: „Wo ich geboren bin, ist es das ganze Jahr warm. In Haiti wachsen Ananas, Mangos, Bananen und viele andere Früchte. Meine Familie konnte sich aber teures Essen nicht leisten. Wir hatten nicht jeden Tag eine warme Mahlzeit."

Hailil antwortet: „Wir essen in unserer Familie zu manchen Zeiten nichts. Bald ist der Fastenmonat Ramadan. Dann wird zwischen Sonnenaufgang und Sonnenuntergang nichts gegessen. Das gehört zu den Regeln unserer Religion. Abends laden wir im Ramadan oft Freunde ein und essen dann gemeinsam. Am Ende des Fastenmonats gibt es ein tolles Fest."

Etoro lächelt und sagt: „Gut, dass unser Klassenfest gerade jetzt ist und nicht im Ramadan-Monat. Komm, wir holen uns noch was vom Grill."

(4) Was meint Etoro mit seiner Bemerkung über den Ramadan-Monat?

Maria spricht mit Halils Mutter: „Die türkischen Frikadellen sind wirklich lecker. Wir braten manchmal auch Frikadellen zu Hause, aber die schmecken ganz anders, nicht so würzig." Darüber freut sich Halils Mutter und antwortet: „Das liegt bestimmt an den Zutaten. Ich nehme Lammfleisch, Zwiebeln und viele Gewürze. Wir essen in unserer Familie keine Speisen aus Schweinefleisch. Das ist eine Vorschrift unserer Religion."

(5) Überlege, ob es in deiner Familie bestimmte Vorschriften für Speisen gibt.

(6) Diskutiert darüber, dass in vielen Religionen zu bestimmten Zeiten gefastet wird.

Unterschiedliche Lebensweisen achten

Murat ist ein türkischer Junge. Er lebt mit seiner Familie in Deutschland. Murat berichtet: „Die Osterferien verbrachte ich bei meinem Freund Leo. Dort erlebte ich mein erstes Osterfest. Leos Eltern gingen um 5 Uhr früh in die Kirche, um die Osternacht zu feiern. Später am Morgen weckten sie uns mit den Worten: „Der Osterhase war da und hat Ostereier versteckt!" Leo sprang gleich aus seinem Bett und zog mich hinaus in den Garten. Dort suchten wir nach Ostereiern. Zuerst kam ich mir etwas komisch vor, doch auf einmal entdeckte ich unter einem Busch einen Korb mit vielen Leckereien. Das Ostereiersuchen hat mir richtig Spaß gemacht."

Sina war am letzten Freitag bei ihrer türkischen Freundin Ayla zum Zuckerfest eingeladen. Sie erzählt: „Aylas Familie hat lange gefastet. In ihrer Religion ist es nämlich üblich, 30 Tage lang nur am Morgen und am Abend zu essen und zu trinken. Das stelle ich mir ganz schön schwierig vor. Aber diese Zeit ist für Aylas Eltern jetzt vorbei. Aus Freude darüber wird drei Tage lang gefeiert. Die türkischen Frauen kochen leckere Spezialitäten und die Familien laden viele Gäste ein. Mit Ayla und ihren Geschwistern haben wir noch andere türkische Familien besucht. Überall, wo wir klingelten, bekamen wir eine Menge Süßigkeiten."

(1) Spielt ein Gespräch zwischen Murat und Sina. Jeder berichtet über das Fest, das er kennengelernt hat.

(2) Informiert euch über Feste aus anderen Ländern und Religionen.

In allen Kulturen haben sich Lebensgewohnheiten und Bräuche entwickelt. Die Menschen möchten sie weiter pflegen, auch wenn sie nicht mehr in ihrer Heimat leben. Damit zeigen sie die Verbundenheit mit ihrem Kulturkreis. Menschen aus verschiedenen Kulturen können nur in Frieden zusammenleben, wenn sie gegenseitig ihre Lebensweise achten.

Übrigens

Jeder Mensch kleidet sich so, wie er sich wohl fühlt. Dem einen gefallen grüne Haare, der andere zieht sich gerne modisch an oder er trägt Kleidung aus seiner Heimat. Manchmal werden Menschen wegen ihres Aussehens und ihrer Kleidung ungerecht behandelt. Dies ist falsch, da Aussehen und Kleidung nichts über den Wert eines Menschen aussagen. Wir sollten für alle Lebensgewohnheiten Verständnis zeigen, sofern sie nicht gegen die Menschenrechte verstoßen oder andere einschränken.

■ Vertraute und fremde Kulturen, Seite 14/15

Die Welt zu Gast bei uns

Deutschland ist ein beliebtes Urlaubsland. Es bietet eine Vielzahl an Freizeitangeboten und interessanten Sehenswürdigkeiten. Besonders beliebt sind Burgen und Schlösser. Die Gäste kommen aus allen Teilen Deutschlands, aus unseren Nachbarländern, aber auch aus weit entfernten Ländern wie Japan oder den USA. Übrigens macht es viel Spaß, ausländischen Gästen sein Land zu zeigen. Manchmal merkt man erst dann, wie schön die eigene Heimat ist. Viele Menschen aus anderen Ländern leben in Deutschland, weil sie hier einen Arbeitsplatz gefunden haben. In ihren Herkunftsländern gibt es oft nicht genügend Arbeitsplätze. Zahlreiche deutsche Unternehmen benötigen ausländische Arbeitskräfte, weil es in Deutschland nicht genügend Arbeitskräfte gibt. Diese Firmen sind froh, dass sie ausländische Mitarbeiterinnen und Mitarbeiter einstellen können. Innerhalb der Europäischen Union ist es allen Bürgerinnen und Bürgern erlaubt, in jedem Land eine Arbeitsstelle anzunehmen. Für manche ausländische Familie ist Deutschland schnell zur ihrer Heimat geworden. Andere Familien kehren nach einiger Zeit in ihre Heimatländer zurück.

Manche Menschen kommen als Flüchtlinge zu uns. Sie müssen ihre Heimat verlassen, weil es dort Krieg gibt oder weil sie verfolgt werden, z. B. wegen ihrer Religion. Deutschland und auch viele andere Länder haben sich verpflichtet, solchen Menschen Schutz und Unterkunft zu bieten. Solange es in ihrem Heimatland für sie zu gefährlich ist, dürfen sie bei uns bleiben.

Wenn Menschen aus anderen Ländern nach Deutschland kommen, ist es für sie nicht einfach: Sie müssen unsere Sprache lernen, sich am neuen Wohnort zurechtfinden und sich mit unseren Lebensgewohnheiten vertraut machen. Deshalb sind sie auf unsere Hilfe angewiesen.

1. Nenne Gründe, weshalb Menschen aus anderen Ländern zu uns kommen.
2. Stelle dir vor, deine Familie zieht in ein anderes Land. Vermute, welche Schwierigkeiten auftreten könnten.
3. Überlegt, wie ihr fremden Menschen helfen könnt, damit sie sich bei uns wohl fühlen.

■ Vertraute und fremde Kulturen, Seite 14/15

Kinder haben Rechte

Burkina Faso (Afrika)

Indonesien (Asien)

Indien (Asien)

Ecuador (Südamerika)

In vielen Ländern unserer Erde leben Kinder mit ihren Familien in Armut, weil die Eltern nicht genug Geld verdienen können. Um wenigstens die schlimmste Not zu lindern, müssen auch die Kinder arbeiten: In Burkina Faso (Afrika) schuften schon Fünfjährige in Goldminen. Sie transportieren Steine oder waschen das zerkleinerte Gestein. Auf wackeligen Fischfang-Plattformen mitten im Meer müssen Jungen in Indonesien (Asien) vorwiegend in der Nacht arbeiten. In Indien (Asien) gibt es große Baumwollfarmen. Sie beschäftigen vor allem Mädchen beim Pflücken und Sortieren der Baumwolle. Familien, vorwiegend aber Kinder, suchen zum Beispiel in Ecuador (Südamerika) auf den stinkenden Müllkippen der Städte nach Verwertbarem.
In allen Fällen werden Kinder ohne Rücksicht auf ihre Gesundheit bei schweren, gefährlichen Arbeiten täglich über viele Stunden eingesetzt. Werden Kinder so ausgenutzt, können sie nicht zur Schule gehen und sind oft krank. Deshalb finden sie später keine Arbeit mit ausreichendem Lohn.

(1) Beschreibe, warum diese Kinder kein gutes Leben haben.

Noch vor gut hundert Jahren mussten auch in Deutschland viele Kinder arbeiten. In Fabriken, auf dem Feld oder in Heimarbeit beim Nähen und Sticken halfen sie mit, Geld für die Familien zu verdienen.
Im Jahr 1904 änderte sich das durch ein Gesetz. Darin wurde festgelegt, dass Kinder bis zwölf Jahre gar nicht arbeiten dürfen.

(2) Schau das alte Foto an und erkläre, welche Arbeit die Kinder hier übernehmen.

■ So leben Kinder in anderen Ländern, Seite 100/101

Erst am 20. November1989 wurde ein weltweites Übereinkommen zum Schutz der Kinder geschlossen, die Kinderrechtskonvention der Vereinten Nationen (UNO, englisch: United Nations Organization). Der Vertrag umfasst insgesamt 54 Kinderrechte. Fast alle Staaten der Erde haben sie unterschrieben. Das heißt aber nicht, dass auch überall die Rechte der Kinder beachtet werden.

UNICEF ist das Kinderhilfswerk der UNO. Sie soll dafür sorgen, dass die Bestimmungen der Konvention eingehalten werden. Bereits zweimal wurde ein Weltkindergipfel organisiert, auf dem auch Kinder für ihre Rechte eintraten.UNICEF hat den langen Text der Konvention in zehn Kinder-Grundrechte zusammengefasst. Kinder zeigen diese Rechte auf Plakaten.

(3) Ordne die Plakattexte den zehn folgenden Kinder-Grundrechten zu.

(1) Alle Kinder haben gleiche Rechte. Niemand darf aufgrund von Hautfarbe, Geschlecht oder Religion benachteiligt werden.
(2) Jedes Kind hat das Recht, die Hilfe und Versorgung zu erhalten, die es braucht, wenn es krank ist.
(3) Jedes Kind hat das Recht, zur Schule zu gehen und zu lernen, was wichtig ist.
(4) Jedes Kind hat das Recht, zu spielen und in einer gesunden Umgebung zu leben.
(5) Jedes Kind hat das Recht, seine Gedanken frei zu äußern. Die Meinung der Kinder soll in allen Dingen, die sie direkt betreffen, beachtet werden. Alle Kinder haben das Recht auf Information und Wissen über ihre Rechte.
(6) Jedes Kind hat das Recht auf eine Erziehung ohne Anwendung von Gewalt.
(7) Kein Kind soll schlecht behandelt, vernachlässigt oder durch schädliche Arbeit ausgebeutet werden.
(8) Ein Kind, das aus seinem Land flüchten musste, hat dieselben Rechte wie alle Kinder in dem neuen Land.
(9) Jedes Kind hat das Recht, mit seiner Mutter und seinem Vater zu leben, auch wenn diese nicht zusammen wohnen.
(10) Jedes Kind hat das Recht auf ein gutes Leben. Wenn es behindert ist, hat es das Recht auf zusätzliche Unterstützung und Hilfe.

Wie die UNICEF versuchen viele Organisationen und Gruppen, überall Hilfe zu organisieren und den Schutz der Kinder zu verbessern. Sie rufen die Menschen auf, durch Spenden von Geld oder Sachen dazu beizutragen.
Ein wichtiges Vorhaben ist, den armen Familien ein Einkommen zu sichern. Man stellt ihnen Land zur Verfügung und rüstet sie mit Geräten und Samen oder Pflanzen aus. Für Kinder werden Schulbesuch und Ausbildung organisiert. Zur Versorgung mit sauberem Trinkwasser werden Brunnen gebaut. Durch diese und viele andere Maßnahmen sind schon Fortschritte erreicht worden. Die Not ist aber immer noch groß.

(4) Was können wir tun, um Kindern in Not zu helfen? Überlegt euch eine gemeinsame Aktion eurer Klasse.

Schönheitsideale und Körperbilder

(1) Betrachtet die Kinder genau. Überlegt, was euch an ihrem Aussehen gefällt. Notiert in Stichworten.

(2) Stellt eure Meinungen vor und versucht sie zu begründen.

(3) Vergleicht eure Wahrnehmungen. Bestimmt seid ihr nicht immer einer Meinung ...

So wird Max von anderen Menschen gesehen (Fremdwahrnehmung):

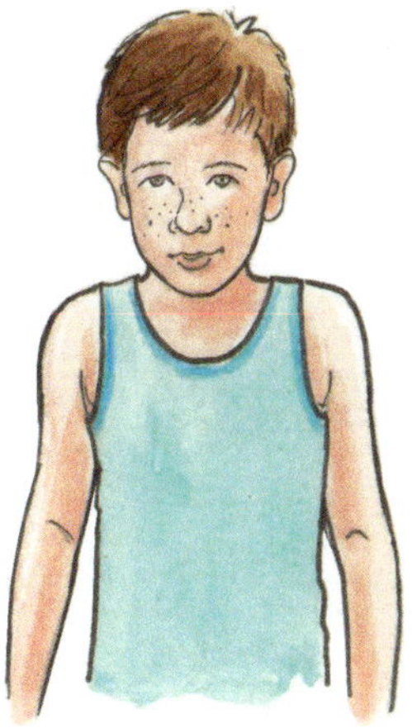

So sieht Max sich manchmal selbst (Selbstwahrnehmung):

(4) Betrachte dich im Spiegel. Was gefällt dir an deinem Aussehen?

(5) Vergleiche deine Selbstwahrnehmung mit Fremdwahrnehmungen. Befrage dazu die Kinder deiner Klasse.

Jeder von uns hat eine eigene Vorstellung von Schönheit. Dem einen gefallen große und kräftige, dem anderen kleine und zierliche Menschen. Der eine findet lange blonde Haare schön, der andere mag dunkle Locken.
So beurteilt ein jeder von uns das Aussehen eines anderen Menschen aufgrund seiner eigenen Vorstellungen, seines eigenen Schönheitsideals.
Manche Schönheitsideale werden uns durch die Medien vorgegeben. Viele Erwachsene und Kinder versuchen so auszusehen wie die Fotomodelle und Schauspieler in Zeitungen, Magazinen oder Filmen.

(6) Suche in Zeitschriften oder im Internet nach Bildern von Menschen, die du schön findest. Gestalte mit den Bildern eine Collage und stelle sie in der Klasse vor.

(7) Das ideale Aussehen eines Menschen gibt es in Wirklichkeit eigentlich nicht. Befragt Erwachsene oder recherchiert, wie die Fotos von perfekten Fotomodellen entstehen.

(8) „Man sieht nur mit dem Herzen gut. Das Wesentliche ist für die Augen unsichtbar." Versucht zu erklären, was mit diesem Zitat gemeint ist.

So bleiben wir gesund

Alle Menschen möchten gesund leben und gesund bleiben. Viele Menschen wissen aber nicht, was sie selbst dazu beitragen müssen. Auf diesen Seiten erfahrt ihr, worauf ihr achten sollt, damit ihr rundum gesund lebt. In der Abbildung sind kreisförmig sechs Teilbereiche angeordnet. Sie zeigen richtiges Verhalten. Alle Teilbereiche sind gleich wichtig und notwendig für ein gesundes Leben.

1. Schaut euch die gesamte Abbildung des Kreises an. Die sechs Teile des Kreises nennt man Segmente. Nennt die sechs Überschriften der Kreissegmente.

2. Wählt einzelne Segmente des Kreises aus. Erklärt, welche Voraussetzungen für ein gesundes Leben darin genannt werden.

3. Nennt zu jedem Segment des Kreises selbst Beispiele, wie man gesund leben kann.

4. Denke nach und überlege, ob du genug auf deine Gesundheit achtest. Nenne Beispiele, was du tust, um gesund zu leben.

5. Frage dich, ob du etwas an deinem Verhalten ändern solltest.

Dieser Kreis zeigt, was die Gesundheit fördert. Gleichzeitig können wir daraus aber auch ablesen, welche Gefahren es für die Gesundheit gibt.
Wer nicht genug auf die Regeln in den sechs Segmenten achtet, gefährdet seine Gesundheit. Niemand ist jedoch perfekt und verhält sich immer völlig richtig.

Wer sich gesundheitsbewusst verhält und nur selten davon abweicht, bringt seine Gesundheit nicht in Gefahr.

(6) Nennt für jedes Segment des Kreises Beispiele für Verhalten, das schädlich für die Gesundheit ist.

Dieser Bub ist meist allein. Er hat keine Freunde und sitzt oft vor dem Fernseher oder dem Computer. Er bewegt sich nicht gern. Aus Langeweile isst er viel. Eigentlich findet er sich zu dick. Er fühlt sich nicht wohl und hat oft schlechte Laune. Dann tröstet er sich mit noch mehr Süßigkeiten. Der Bub ist unglücklich und würde gern etwas ändern. Aber wie?

(7) Was würdest du diesem Bub raten? Was kann er selbst tun?

(8) Wie können andere Menschen ihm helfen?

Gewässer – vielseitige Lebensräume

Bach

Fluss

In Deutschland gibt es viele Gewässer: Gräben, Bäche, Flüsse, Kanäle, Teiche und Tümpel, Seen sowie Talsperren. Fast alle Bäche und Flüsse fließen dem Meer zu.
Tümpel sind kleine stehende Gewässer von nur geringer Tiefe. Im Sommer trocknen sie regelmäßig aus. Seen hingegen sind über zwei Meter tief und so groß, dass die gesamte Fläche nicht von Pflanzen besiedelt werden kann. Gräben, Kanäle, Teiche und Talsperren sind keine natürlichen Gewässer. Sie wurden von Menschen angelegt.

Wasser ist unser wichtigstes Lebensmittel und das einzige, das nicht durch ein anderes ersetzt werden kann. Menschen, Tiere und Pflanzen sind auf sauberes Wasser angewiesen.
Die Verschmutzung von Gewässern kann die Gesundheit von Menschen gefährden und das Leben von Pflanzen und Tieren bedrohen.

Alle Gewässer bieten Tieren und Pflanzen viele Lebensräume.

(1) Informiert euch, welche Gewässer es in eurer Umgebung gibt. Unterscheidet fließende und stehende Gewässer.

See

Tümpel

Miniteich

Das Leben im Wasser könnt ihr auch auf dem Schulhof beobachten. Dazu müsst ihr an einer geeigneten Stelle einen Maurerkübel in den Boden eingraben und mit Wasser füllen. Legt an den Rand ein paar Steine und schon ist euer Miniteich fertig. Stellt noch ein Brett oder einen dickeren Ast hinein. Dann können sich Tiere, die versehentlich hineinfallen, aus dem Wasser retten. Beobachtet euren Miniteich in regelmäßigen Abständen.

Pflanzen im und am Teich

Am Ufer und im Wasser eines Teiches sind verschiedene Formen von Pflanzen zu beobachten: Sumpfpflanzen, Schwimmblattpflanzen, Schwimmpflanzen und Tauchblattpflanzen. Die Pflanzen sind gut an die verschiedenen Bereiche des Teiches angepasst.
Die Gelbe Schwertlilie ist eine **Sumpfpflanze**. Sumpfpflanzen wachsen am Rand von Gewässern, wo der Boden nass oder feucht ist. Sie vertragen die Nässe, aber auch zeitweise das Austrocknen des Bodens.
Auf dem Wasser schwimmen die Blätter und Blüten der Teichrose. Meterlange Stiele verbinden Blüten und Schwimmblätter mit der Wurzel im Bodengrund des Teiches. Die Teichrose ist eine **Schwimmblattpflanze**.
Wasserlinsen sind **Schwimmpflanzen**. Sie schwimmen frei auf der Wasseroberfläche.
Tauchblattpflanzen wie die Wasserpest sind im tieferen Wasser zu finden. Sie wachsen vollständig untergetaucht im Wasser.

Schilf

Gelbe Schwertlilie

Rohrkolben

Teichrose

Seerose

Wasserknöterich

Wasserpest

Hornblatt

1 Betrachte die Grafik und die Fotos. Ordne die abgebildeten Pflanzenarten den verschiedenen Pflanzenformen zu.
Legt Lernkarten zu den Pflanzenformen an und arbeitet damit.

■ Pflanzen sind an den Lebensraum Teich angepasst, Seite 30/31
■ Beobachtungen von Tieren und Pflanzen im Wasser, Seite 35
○ M 4 Lernkarten anlegen, Seite 126
○ M 5 Mit Lernkarten arbeiten, Seite 126

Pflanzen sind an den Lebensraum Teich angepasst

Schilf

Rohrkolben

An vielen Gewässern gibt es dichte Bestände mit Schilf und Rohrkolben. Da beide Pflanzenarten einen röhrenförmigen Stängel (Halm) besitzen, wird dieser Uferbereich Röhricht genannt.

Das Schilf ist gut an seinen Lebensraum angepasst. Es ist widerstandsfähig gegenüber Wind und Wasser.
Die schmalen, abstehenden Blätter bieten nur wenig Angriffsflächen für den Wind und die Wellen. Die Halme sind stabil und biegsam.
Die Wurzeln wachsen im nassen oder mit Wasser überfluteten Boden. Dabei bohren sich die Erdstängel waagerecht durch die Bodenschicht. An den Knoten des Erdstängels entstehen Triebe, aus denen sich neue Halme entwickeln.

1. Beschreibe die Schilfpflanze und erkläre, wie sie an ihren Lebensraum angepasst ist.
2. Vergleiche den Rohrkolben mit dem Schilf. Nenne Gemeinsamkeiten.
3. Erkläre, wie der Rohrkolben an seinen Lebensraum angepasst ist.

Schilf, Blätter

Schilf, Halm

Schilf, Erdspross

Übrigens

Pfeilkraut

Das Pfeilkraut ist eine Sumpfpflanze, die im flachen Wasser im Röhricht wächst. Je nach Wasserstand bildet das Pfeilkraut verschiedene Blattformen aus.

4. Nenne und beschreibe die verschiedenen Blattformen.

Pfeilkraut

An vielen Teichen kannst du die weißen Blüten und die Schwimmblätter der Seerose sehen. Die Seerose ist eine Schwimmblattpflanze. Die großen runden Blätter schwimmen auf der Wasseroberfläche. Meterlange, biegsame Stängel verbinden die Schwimmblätter mit dem Erdstängel und den Wurzeln.
Der Erdstängel verankert die Seerose im schlammigen Boden des Gewässers.

(5) Zeichne die Seerose und beschrifte sie.

(6) Die Stängel der Seerose sind eine wichtige Anpassung an den Lebensraum. Beschreibe, welche Funktion sie bei unterschiedlichen Wasserständen haben.

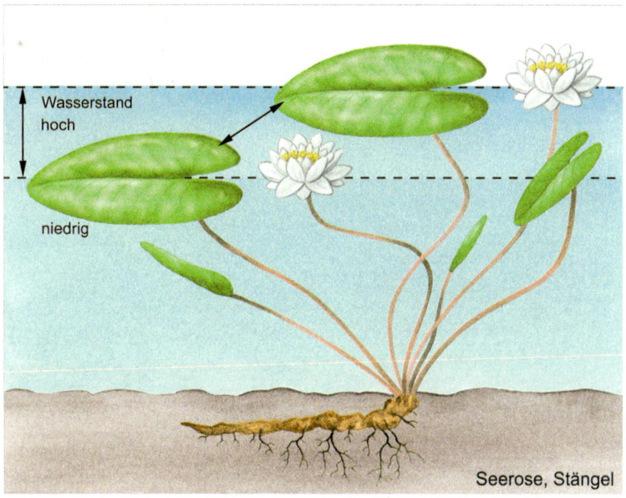

Seerose, Stängel

Die Blätter der Seerose enthalten mit Luft gefüllte Hohlräume. Deshalb können die Blätter wie Schlauchboote auf der Wasseroberfläche schwimmen.
Die Blattoberseite ist mit einer Wachsschicht überzogen, sodass Wasser darauf abperlt. Die Blattunterseite hat keine Wachsschicht. Deshalb haftet das Blatt mit der Unterseite auf der Wasseroberfläche und wird nicht von Wind und Wellen umgeschlagen.

(7) Nenne und erläutere die Anpassungen der Seerose an ihren Lebensraum.

Seerose, Blatt

Wasserlinsen

Oft sieht man auf Teichen grüne Teppiche aus unzähligen kleinen Blättchen der Wasserlinsen. Die Wasserlinse ist eine Schwimmpflanze. Ihre Wurzeln hängen im Wasser, sodass die Pflanze frei im Wasser schwimmen kann.

Steckbrief für eine Teichpflanze

1. Wähle eine Teichpflanze aus. Zeichne sie genau ab.
2. Informiere dich über die ausgewählte Pflanzenart in Büchern oder im Internet. Schreibe einen Steckbrief.

Tiere im Lebensraum Teich

① Libelle, ② Stockente, ③ Wasserläufer, ④ Mücken, ⑤ Teichfrosch, ⑥ Teichrohrsänger, ⑦ Teichmolch, ⑧ Posthornschnecke, ⑨ Käferlarve, ⑩ Rückenschwimmer, ⑪ Mückenlarven, ⑫ Moderlieschen, ⑬ Gelbrandkäfer, ⑭ Schlammschnecke, ⑮ Stichling, ⑯ Libellenlarve, ⑰ Kaulquappen, ⑱ Wasserspitzmaus

An einem See oder an einem Teich gibt es viel zu beobachten. Größere Tiere wie Stockenten, aber auch Libellen sind leichter zu entdecken als kleinere Tiere, die sich auf der Wasseroberfläche oder dicht darunter aufhalten.
Um diese zu beobachten, muss man ganz genau hinsehen. Dann erkennt man manchmal Rückenschwimmer oder Gelbrandkäfer, die ihren Hinterleib aus dem Wasser strecken, um Atemluft aufzunehmen.

1 Benenne die Tiere in der Abbildung und beschreibe, wo sie sich aufhalten.

2 Ordne die Tiere den einzelnen Tiergruppen von Seite 29 zu.

Übrigens

In und an Gewässern leben von vielen Insektenarten die Larve und das fertige Insekt. Die Larven leben im Wasser und sehen völlig anders aus als das fertige Insekt.

Die Tiere des Lebensraumes Teich lassen sich verschiedenen Tiergruppen zuordnen:

Säugetiere

- Säugetiere erkennt man an ihrem Fell.
- Die meisten Säugetiere haben vier Beine.
- Säugetiere bringen lebende Junge zur Welt. Sie säugen ihre Jungen.

Wasserspitzmaus

Vögel

- Vögel erkennt man an ihren Federn.
- Vögel haben zwei Beine, zwei Flügel und einen Schnabel.
- Die meisten Vögel können fliegen.
- Alle Vögel legen Eier.

Blässhuhn

Amphibien (Lurche)

- Amphibien leben im Wasser und an Land.
- Amphibien haben eine feuchte, glatte Haut.
- Amphibien atmen mithilfe ihrer Lungen und über die Haut.
- Amphibien legen ihre Eier im Wasser ab.

Teichmolch

Fische

- Fische leben im Wasser. Der Körper ist meist stromlinienförmig.
- Fische haben Flossen. Ihre Haut ist normalerweise mit Schuppen bedeckt.
- Die meisten Fische atmen durch Kiemen und legen Eier.

Moderlieschen

Insekten

- Der Körper der Insekten besteht aus drei Abschnitten: Kopf, Brust und Hinterleib.
- Jedes Insekt hat sechs deutlich gegliederte Beine und zwei oder vier Flügel.
- Fast alle Insekten legen Eier.

Eintagsfliege

Weichtiere

- Weichtiere schützen ihren Körper in der Regel mit einer festen äußeren Kalkschale. Bei Muscheln wie der Teichmuschel schützen zwei gleich große Schalen den Körper.

Teichmuschel

(3) Informiert euch über die Tiergruppen. Lest die Texte genau durch.

(4) Legt Lernkarten zu den Tiergruppen an. Vergleicht die Gruppen. Nennt Unterschiede.

Nahrungsbeziehungen im Teich

Ein Teich bietet bestimmten Pflanzen und Tieren die Lebensbedingungen, die sie brauchen, um sich dort entwickeln und vermehren zu können. Solch einen Lebensraum nennt man auch Ökosystem. Im Ökosystem Teich leben viele verschiedene Tiere und Pflanzen zusammen. Alle Lebewesen bilden eine Lebensgemeinschaft. Sie sind voneinander abhängig und dienen einander als Nahrung.
So werden Grünalgen von Wasserflöhen gefressen und Wasserflöhe von Fischen gefressen.

Diese miteinander verknüpften Nahrungsbeziehungen nennt man eine Nahrungskette. Fische, zum Beispiel der Stichling, fressen nicht nur Wasserflöhe, sondern auch kleine Schnecken oder Insektenlarven. So ergeben sich weitere Nahrungsketten, die mit anderen Nahrungsketten verknüpft sind. Es entsteht ein Nahrungsnetz. Das Nahrungsnetz veranschaulicht die Nahrungsbeziehungen im Ökosystem Teich.

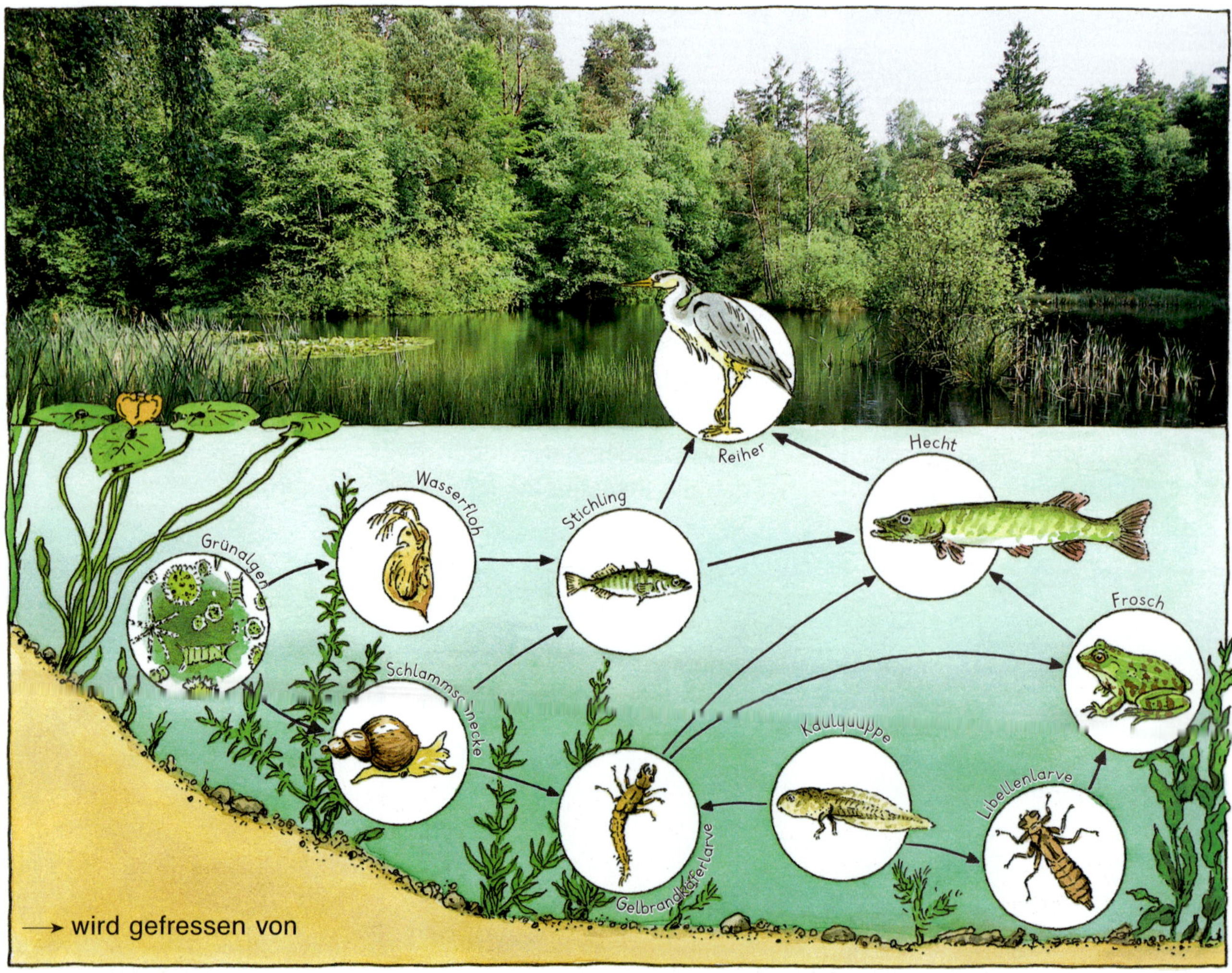

(1) Betrachte das abgebildete Nahrungsnetz. Nenne die Namen der Tiere.

(2) Finde verschiedene Nahrungsketten im Nahrungsnetz. Beschreibe sie. Notiere Beispiele.

■ Pflanzen im und am Teich, Seite 25
■ Tiere im Lebensraum Teich, Seite 28/29

Beobachtungen von Tieren und Pflanzen im Wasser

Tipps zum Beobachten und Bestimmen von Pflanzen und Kleintieren

- Ein guter Naturbeobachter hinterlässt keine Spuren.
- Pflanzen dürfen nicht zertreten oder abgerissen werden.
- Tiere dürfen nur vorübergehend gefangen werden.
  Sie dürfen nicht verletzt, gequält oder gar getötet werden.
- Tiere, die gefangen worden sind, müssen immer in ein mit Wasser gefülltes Gefäß kommen. Das Gefäß muss in den Schatten gestellt werden.
- Alle Tiere werden nach dem Bestimmen wieder an der Stelle freigelassen, an der sie gefangen wurden.
- Die Gefäße werden knapp über der Wasseroberfläche vorsichtig entleert.

Wir beobachten Wassertiere

1. Füllt zuerst etwas Teich- oder Bachwasser in den Eimer.
2. Gebt etwas von dem Wasser in die weiße Plastikschale. Entdeckt ihr Kleintiere?
3. Versucht vorsichtig, mit dem Kescher Tiere aus dem Wasser zu holen.
   Gebt diese sofort in die Plastikschale.
4. Betrachtet die Tiere mit der Lupe. Versucht, mithilfe eines Bestimmungsbuches herauszufinden, um welche Tierart es sich handelt.
5. Macht euch Notizen.
   Zeichnet Tiere, die ihr entdeckt.

Übrigens

Künstlich angelegte Teiche können sich zu wertvollen Lebensräumen für viele am und im Wasser lebende Tiere entwickeln. Häufig siedeln sich Frösche, Kröten, Molche, Libellen und viele andere Tiere an. Ein Gartenteich bietet außerdem eine gute Gelegenheit zum Entdecken und Beobachten.

Anpassungen an den Lebensraum Wasser

An vielen Gewässern leben Stockenten. Sie sind die häufigsten einheimischen Wildenten. In flachen Bereichen von Gewässern kannst du Enten sehen, die ihren Kopf unter Wasser tauchen. Diese Enten suchen auf dem Grund nach Nahrung. Man sagt, die Enten gründeln. Das Gefieder des Stockentenweibchens ist unauffällig braun und grau gesprenkelt. Das Federkleid des Männchens ist die meiste Zeit des Jahres bunt gefärbt. Das Entenmännchen wird auch Erpel genannt.

(1) Beschreibe das Federkleid des Erpels.

Damit kein Wasser in das Federkleid eindringen kann, müssen die Federn ständig eingefettet werden. Eine Drüse an der Schwanzwurzel, die Bürzeldrüse, sondert Fett ab. Dieses Fett nimmt die Ente mit dem Schnabel auf. Dann zieht sie die Federn nach und nach durch den Schnabel. Dadurch werden die Federn wasserabweisend und die Ente bleibt trocken. Stockenten haben Schwimmfüße. Zwischen den Vorderzehen befinden sich die Schwimmhäute. Beim Schwimmen bewegt die Ente die Beine abwechselnd vor und zurück. Dabei legt sie die Zehen wie einen Fächer zusammen oder spreizt sie auseinander. Zum Gehen auf dem Land sind die Füße nicht gut geeignet.

(2) Beschreibe, wie die Ente ihre Füße beim Schwimmen bewegt.

M 2 Bilder vergleichen, Seite 125
M 6 Ein Referat vorbereiten, Seite 127
M 7 Ein Referat halten, Seite 128
M 8 Rückmeldungen geben und annehmen, Seite 128

(3) Vergleiche die Stockente mit der Silbermöwe. Finde Gemeinsamkeiten und Unterschiede.

(4) Vergleiche den Biber mit dem Fischotter. Nenne auch hier die Gemeinsamkeiten und Unterschiede.

(5) Haltet Referate zu jeweils einer Tierart und ihrer Anpassung an den Lebensraum Wasser.
Legt gemeinsam fest, wer oder welche Gruppe welches Tier vorstellen wird.

Silbermöwen sind wie die Stockenten gut an das Leben im und am Wasser angepasst. Silbermöwen haben ein blaugraues, an der Unterseite schneeweißes Gefieder, das regelmäßig eingefettet wird. Ihre Schwimmfüße sind fleischfarben.

Biber sind Säugetiere, die an das Leben im Wasser angepasst sind. Sie haben an den Hinterfüßen Schwimmhäute. Beim Schwimmen pressen die Biber ihre kurzen Vorderbeine an den Körper und schieben sich mit kräftigen Ruderbewegungen der Hinterbeine nach vorne. Das Fell ist dicht und wird regelmäßig eingefettet, damit kein Wasser eindringen kann.

Fischotter können sehr gut schwimmen und tauchen. Zwischen ihren Zehen haben Fischotter Schwimmhäute. Das dichte Fell wird immer sehr gut eingefettet. Beim Schwimmen legen sie die Vorderbeine eng an den Oberkörper. Mit wellenförmigen Bewegungen des Körpers und durch kräftiges Treten mit den Hinterbeinen schwimmen Fischotter vorwärts.

Wie ein Schwimmfuß funktioniert

Du brauchst: zwei Quadrate aus Pergamentpapier (Seitenlänge etwa 10 cm), Schere und Klebstoff, drei Schaschlikstäbe.

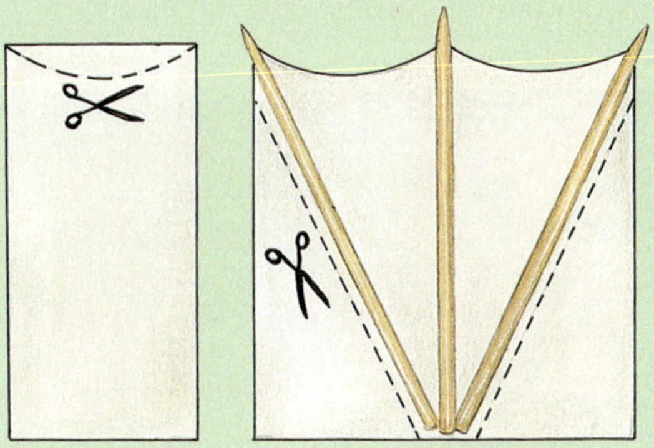

1. Falte die Quadrate in der Mitte und schneide an einer Seite eine flache Rundung heraus.
2. Falte die Quadrate auseinander und streiche beide mit Klebstoff ein.
3. Halbiere drei Schaschlikstäbe.
4. Ordne sie auf einem Quadrat wie in der Abbildung an.
5. Klebe das zweite Quadrat darüber. Schneide überstehendes Papier ab.
6. Bewege den Fuß zusammengefaltet und ausgebreitet. Vergleiche.

Die Entwicklung des Grasfrosches

Grasfroschpaar

Eiablage

Grasfrösche leben häufig an Gewässerufern, auf Grünland, an Gebüschen und in Wäldern. Sie ernähren sich meistens von Insekten, aber auch von Spinnen, Würmern, Schnecken, mitunter auch von kleinen Lurchen. Grasfrösche überwintern im Schlamm von Gewässern.

Schon früh im Jahr, etwa Mitte bis Ende März, ist die Paarungszeit. Während dieser Zeit halten sich die Männchen an Ufern von Gewässern auf und locken die Weibchen durch leises Knurren oder Brummen. Kommt ein paarungsbereites Weibchen in die Nähe eines Männchens, wird es von dem Männchen umklammert. Bei der Paarung legt das Weibchen einen Laichklumpen mit 1000 bis 2500 Eiern (Laich) ab.
Aus den Eiern entwickeln sich nach einigen Wochen Kaulquappen, die Larven. Sie haben zunächst einen langen Schwanz, mit dem sie sich im Wasser fortbewegen können. Die Kaulquappen ernähren sich von Algenbewuchs auf Pflanzen oder Steinen. Nach einigen Wochen entwickeln sich zunächst die Hinterbeine, danach die Vorderbeine. Nun bildet sich der Schwanz zurück. Die Entwicklung des Grasfrosches ist abgeschlossen, wenn der Schwanz vollständig zurückgebildet ist. Die gesamte Entwicklung dauert etwa zwei bis drei Monate.

Kaulquappe

Kaulquappe mit Hinterbeinen

Kaulquappe mit Vorder- und Hinterbeinen

Junger Grasfrosch

(1) Lies den Text gründlich durch. Nenne, was der Grasfrosch und was die Kaulquappe fressen.

(2) Schreibe einen Steckbrief zum Grasfrosch.

■ Tiere im Lebensraum Teich, Seite 28/29
○ M 2 Bilder vergleichen, Seite 125

(3) Notiere die Entwicklungsschritte vom Ei zum Frosch.

(4) Überlege, wie die Atmungsorgane sich von der Kaulquappe zum Frosch verändern müssen.

Laubfrosch

Erdkröte

Kammmolch

Feuersalamander

Frösche, Kröten, Molche und Salamander gehören zu den Lurchen (Amphibien). Lurche können sowohl an Land als auch im Wasser leben. Sie bevorzugen feuchte Lebensräume. In Deutschland sind alle Lurche geschützt.

Im Frühjahr weisen die Hinweisschilder „Vorsicht! Krötenwanderung“ darauf hin, dass Erdkröten in dieser Zeit zu ihren Tümpeln wandern. Damit sie beim Überqueren von Straßen nicht totgefahren werden, sind von Naturschützern an den Straßenrändern Krötenzäune gezogen worden. Die Kröten sammeln sich hinter diesen Zäunen. In Eimern werden sie dann von den Naturschützern auf die andere Straßenseite gebracht. Von dort wandern die Kröten weiter zu ihren Tümpeln. Die Zäune werden später abgebaut.

Wir erkunden einen Bauernhof – Kartoffelanbau

Kartoffelfeld

Feld pflügen

Herr und Frau Röder bewirtschaften einen modernen Bauernhof. Freundlich begrüßen sie die Besucher. Frau Röder erzählt: „Auf unseren Feldern werden vor allem Kartoffeln angebaut. Im Frühjahr wird der Boden für den Anbau der Kartoffeln vorbereitet. Dazu wird er gepflügt und gründlich gelockert. Die Kartoffeln werden nicht wie Getreide aus Samenkörnern gezogen, sondern aus Saatkartoffeln. Beim Pflanzen wird mit einer Maschine eine Furche gezogen, die Saatkartoffeln werden hineingelegt und ein kleiner Damm aufgeschoben und geformt. Später, wenn die Kartoffelpflanzen schon größer sind, werden die Dämme mehrfach angehäufelt. So liegen die Saatkartoffeln gut geschützt in der Erde und können bis in den Herbst wachsen.
Die grünen Beeren und Pflanzenteile über der Erde kann man nicht essen. Unter der Erde wachsen am Stängel Ausläufer, an deren Enden sich die essbaren Kartoffelknollen bilden.
Übrigens: Die Kartoffel brachten spanische Seefahrer vor etwa 500 Jahren mit nach Europa. Seitdem entwickelte sich die Kartoffel zu einem wichtigen Nahrungsmittel für Menschen und Tiere."

Legen der Saatkartoffeln

Dämme anhäufeln

■ Milchwirtschaft auf einem Bio-Bauernhof, Seite 38/39

Während ihres Wachstums benötigen die Kartoffelpflanzen viel Pflege. Neben der regelmäßigen Düngung muss vor allem das Unkraut bekämpft werden, das sonst die Kartoffelpflanzen überwuchern würde. Der Bauer zieht dazu mit dem Traktor ein Rollenhackgerät über das Feld, das das Unkraut aus dem Boden zieht.
Auch die Kartoffelkäfer gefährden die Kartoffelpflanzen. Die Käferlarven fressen die Blätter. Kartoffelkäfer werden mit chemischen Mitteln bekämpft, im ökologischen Anbau werden Käfer und Larven mit der Hand oder einem Absauggerät von den Pflanzen entfernt.
Die Kartoffelernte wird mit einem Kartoffelroder erledigt. Ein Traktor zieht den Roder über das Feld. Dieser trägt zuerst die flachen Dämme ab und nimmt dabei die Kartoffelknollen auf. Gleichzeitig wird das Kartoffelkraut abgeschnitten und auf den Acker geworfen. Rüttler und Klopfer im Kartoffelroder sieben die Erde aus. Auf einem Sortierband sortieren Erntehelfer zu kleine oder beschädigte Kartoffeln und Steine aus.

Rollenhackgerät

Kartoffelernte

(2) Beschreibe den Kartoffelanbau. Nenne die Arbeitsschritte in der richtigen Reihenfolge.
(3) Für die Kartoffel gibt es viele unterschiedliche Namen. Schau in einem Lexikon nach. Befrage auch Eltern und Großeltern.
(4) Was wird aus Kartoffeln hergestellt? Welche Kochrezepte kennst du?

Wir unterscheiden Kartoffelsorten

Es gibt sehr viele Kartoffelsorten. Sie werden nach ihren Kocheigenschaften in festkochende, vorwiegend festkochende und mehligkochende Kartoffelsorten unterschieden.

1. Recherchiere im Internet die Unterschiede.
2. Schau im Supermarkt nach verschiedenen Kartoffelsorten. Erstelle eine Tabelle (Name – Herkunftsland – Eigenschaften).

3. Welche Produkte aus Kartoffeln findest du im Supermarkt? Notiere Beispiele.

Milchwirtschaft auf einem Bio-Bauernhof

Laufstall

Grünfutter

Kühe auf der Weide

Kuh mit Kalb

Familie Willner bewirtschaftet einen Bio-Bauernhof. Neben dem ökologischen Anbau von Getreide und dem Hofladen ist die Milchwirtschaft der wichtigste Betriebszweig.

Die Kühe sind in einem Boxenlaufstall mit eingestreutem Stroh untergebracht. Sie können sich im Stall frei bewegen oder sich in die Boxen legen. Über einen Auslauf gelangen die Kühe nach draußen. An einer überdachten Futterstelle bekommen sie Grünfutter oder Heu, Silage und Kraftfutter. Dort gibt es auch eine Tränke mit frischem Wasser.

Im Sommer leben die Kühe auf der Weide. Dort suchen sie sich ihr Futter selbst.
Außer den Weiden werden weitere Flächen benötigt, um Futter für die Tiere anzubauen, insbesondere für die Winterzeit. Wiesen werden angelegt, gepflegt und gemäht. Gras und Klee sind wichtige Bestandteile des Grünfutters. Auf Äckern wird Getreide angebaut, das als Kraftfutter für die Kühe dient.

Eine Milchkuh bekommt jedes Jahr ein Kalb. Schon bald nach der Geburt werden Kuh und Kalb voneinander getrennt. Die Kälber werden in gesonderten Kälberboxen aufgezogen.

1. Beschreibe die Haltung der Kühe auf einem Bio-Bauernhof.
2. Erkläre, warum außer den Weiden zusätzliche Flächen benötigt werden.

Kälber in Boxen

■ Wir erkunden einen Bauernhof – Kartoffelanbau, Seite 36/37

Morgens und abends gehen die Kühe in den Melkstand. Dort wird sehr auf Sauberkeit geachtet, damit die Milch nicht verunreinigt wird. Die Landwirtin oder der Landwirt stehen in einer vertieften Grube. So können sie das Euter der Kuh gut erreichen. Zunächst wird das Euter mit Wasser gereinigt. An alle vier Zitzen werden dann Gummisauger angesetzt. Sie sind über Schläuche mit einer Pumpe verbunden. Die Pumpe saugt einmal pro Sekunde. So ahmt die Melkmaschine die Saugbewegung eines Kalbes nach. Dies regt den Milchfluss der Kuh an.

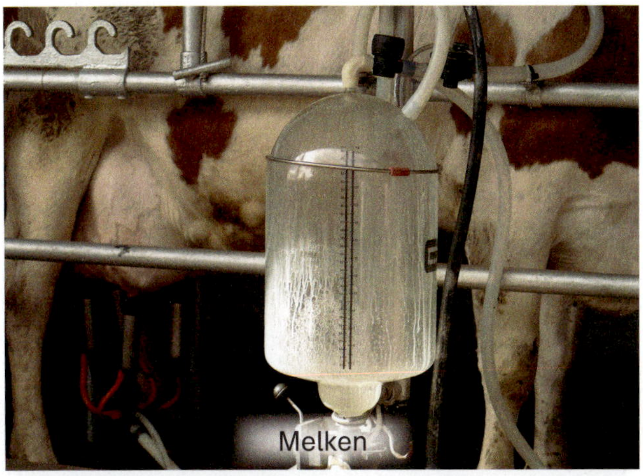
Melken

Durch Schläuche und über Rohrleitungen fließt die noch körperwarme Milch in einen Tank. Dort wird sie auf vier Grad Celsius abgekühlt. Dadurch können sich Bakterien nicht vermehren und die Milch bleibt frisch.
Nach jedem Melken werden alle Teile der Melkmaschine und der Melkstand gründlich gereinigt, damit die Milch immer sauber und haltbar ist.

Reinigung des Melkstandes

Alle zwei Tage fährt der Milchtankwagen der Molkerei auf den Hof und holt die Milch ab. Mit einem Schlauch wird die Milch in den Tank des Milchtankwagens gepumpt. Auch im Milchtankwagen auf dem Weg zur Molkerei wird die Milch ständig gekühlt.
In der Molkerei wird zunächst die Qualität der Milch geprüft. Anschließend wird sie kurzzeitig auf etwa 72 Grad Celsius erhitzt und schnell wieder abgekühlt. Dieses Pasteurisieren tötet Bakterien ab und verlängert die Haltbarkeit der Milch. Die Milch wird weiterverarbeitet, zum Beispiel zu Trinkmilch, Butter, Käse, Quark, Sahne oder Joghurt.

Milchtankwagen

(3) Beschreibe den Weg der Milch bis zum Verbraucher. Fertige dazu eine Skizze an

Wir informieren uns über Milchprodukte

1. Informiert euch in einem Supermarkt über Milchprodukte. Notiert, welche angeboten werden und wo sie hergestellt wurden.
2. Stellt fest, wie viele verschiedene Sorten Milch angeboten werden. Notiert den Namen, den Fettgehalt und das Haltbarkeitsdatum in einer Tabelle.

Die Produktion von Hühnereiern

Huhn

Eier

Hühnereier liefern wichtige Nährstoffe, die unser Körper benötigt. Eier werden als gekochtes Frühstücksei, als Rühr- oder Spiegelei zubereitet. Für viele Nahrungsmittel werden Eier als Zutat benötigt, zum Beispiel zur Herstellung von Nudeln, zum Backen von Kuchen oder zum Panieren von Fleisch oder Fisch.

Viele landwirtschaftliche Betriebe, die Eier produzieren, bewirtschaften Felder, um Getreide als Futter anzubauen.

Legehennen werden unterschiedlich gehalten.
Bei der **Bodenhaltung** leben die Hennen in einem geschlossenen Stall. Ein Teil des Stalls ist mit Hobelspänen, Stroh oder Sand bedeckt. Die Tiere können sich im Stall frei bewegen und nachts auf erhöhten Sitzstangen schlafen. Es stehen Nester bereit, in denen die Hennen die Eier legen. Die Eier werden täglich eingesammelt.

In der **Freilandhaltung** haben die Hennen tagsüber einen Zugang zu einem Außengehege. Hier befinden sich auch überdachte Bereiche mit Futterstellen und Tränken. Die Hennen können im Boden scharren, picken und Nahrung suchen. Die Nacht verbringen die Tiere geschützt im Stall. Die Hennen legen ihre Eier in Nester, die im Stall bereitstehen.

Bei der **ökologischen Haltung** leben die Hennen ähnlich wie in der Freilandhaltung. Sie erhalten aber Futter aus ökologischem Anbau, das meist im eigenen Betrieb erzeugt wird.

Bei der **Kleingruppenhaltung** leben 20 bis 60 Hennen in einem Käfig. Im Käfig befinden sich Nester, Einstreuflächen und Sitzstangen. Die Nester sind abgedunkelt, damit die Hennen ungestört ihre Eier legen können.

Bodenhaltung

Freilandhaltung

Kleingruppenhaltung

In natürlichen Lebensräumen leben Hennen in kleinen Gruppen zusammen. Zu ihrem Verhalten zählen das Picken zur Nahrungsaufnahme, Scharren im Boden, Schlagen mit den Flügeln, Staubbaden und die Eiablage. Wenn auf kleiner Fläche sehr viele Hennen gehalten werden, können sie auf dem engen Raum kein normales, artgerechtes Verhalten zeigen.
Damit die Hennen sich wohl fühlen, müssen viele Dinge berücksichtigt werden. Dazu gehören eine optimale Futter- und Wasserversorgung, die regelmäßige Reinigung des Stalles und die Betreuung durch Tierpfleger und Tierärzte.

Je nach Haltungsart und benötigter Arbeitszeit entstehen unterschiedliche Kosten.
Im Vergleich zur Kleingruppenhaltung wird bei der Bodenhaltung mehr Platz für die gleiche Anzahl an Hennen benötigt. Das Einsammeln der Eier dauert länger. Deswegen kosten Eier aus der Bodenhaltung etwas mehr.
Noch etwas teurer sind die Eier aus der Freilandhaltung und der ökologischen Haltung. Hier benötigt der Betrieb große Flächen für die Haltung. Das Außengehege muss gepflegt werden und die Legeleistung der Hennen ist geringer.

Viele Menschen zahlen für Eier aus artgerechter Haltung gerne etwas mehr Geld.

Hennen suchen Futter

Einsammeln der Eier

(1) Informiert euch, ob es in eurer Umgebung Betriebe gibt, die Eier produzieren. Findet heraus, wie die Hennen dort gehalten werden.

(2) Recherchiere in einem Supermarkt, aus welchen Haltungsarten die angebotenen Eier stammen.

(3) Erstelle eine Liste, wie viel die Eier (gleiche Größe beachten) aus den verschiedenen Haltungsarten kosten.

(4) Überlege, welche Eier du kaufen würdest. Begründe deine Entscheidung.

Ei mit Zahlencode

Der Zahlencode bei Eiern
Jedes Ei ist mit einer Kennzeichnung versehen. Dadurch weiß man, woher das Ei stammt. Die erste Ziffer zeigt das Haltungssystem an, aus dem das Ei stammt. Die Ziffer 0 steht für ökologische Erzeugung, 1 für Freilandhaltung, 2 für Bodenhaltung und 3 für die Kleingruppenhaltung. Dann folgt das Länderkürzel für das Herkunftsland des Eies. DE steht zum Beispiel für Deutschland. Zum Schluss folgt die Betriebsnummer. Damit kann zurückverfolgt werden, aus welchem Legehennenstall das Ei kommt.

Obst aus fernen Ländern

Orangen

Bananen

Ananas

Kiwis

Maracujas

Papayas

Kapstachelbeeren (Physalis)

Litschis

Granatäpfel

Auch diese Obstsorten kannst du bei uns auf dem Markt, im Obstladen oder im Supermarkt kaufen. Oft werden diese Obstsorten auch exotische Früchte genannt, da sie aus fernen Ländern stammen.
Exotische Früchte benötigen viel Sonne und Wärme. Deshalb können sie bei uns nicht im Freiland wachsen.
Exotische Früchte werden auf langen Transportwegen zu uns nach Deutschland gebracht.

(1) Betrachte die Fotos. Überlege: Welche der abgebildeten Obstsorten hast du schon einmal probiert?

(2) Betrachte die beiden Bildreihen. Sie zeigen die Transportwege von Bananen und von heimischen Äpfeln. Beschreibe und vergleiche die Wege. Nenne Unterschiede.

Bananen →

Wir erkunden bei uns das Gemüse- und Obstangebot

1. Bereitet für eure Erkundung zwei Tabellen vor. Zeichnet eine Tabelle für die Gemüsesorten und eine für die Obstsorten.
2. Nehmt für das Ausfüllen der Tabellen eine Schreibunterlage und einen Stift mit.
3. Geht zum Markt, zum Gemüse- und Obstladen oder in den Supermarkt.
4. Erkundet das Angebot an Gemüsesorten und Obstsorten. Notiert in den Tabellen die Namen. Schreibt jeweils das Herkunftsland dazu. Es steht oft auf Schildern oder auf der Verpackung.
Manchmal müsst ihr den Händler danach fragen.

Tipp: Fotografiert das Obst und Gemüse.

Gemüsesorte	Herkunftsland
Kartoffel	Deutschland

Obstsorte	Herkunftsland
Birne	Italien

Äpfel →

Wasser kann sich verwandeln

In der Natur kannst du Wasser in verschiedenen Formen wahrnehmen.
Im Winter, wenn es sehr kalt ist, frieren Seen und Teiche zu. Das zuvor flüssige Wasser erstarrt dann zu Eis. Sobald es wärmer wird, schmilzt das Eis und verwandelt sich wieder in Wasser.
Wenn es im Sommer mehrere Tage sehr heiß war, verändert sich die Wassermenge in unseren Seen und den Teichen. Durch die Hitze ist das Wasser unsichtbar in die Luft verdunstet.

Wasser kommt in der Natur in drei Zustandsformen vor. Es kann flüssig, fest oder gasförmig sein.
Wasser im gasförmigen Zustand ist nicht sichtbar.

(1) Beschreibe die Abbildungen.
Welche Zustandsformen des Wassers erkennst du?

(2) Schau dir die drei Bilder genau an.

(3) Beschreibe, wie sich der Teich im Laufe des Jahres verändert hat. Erkläre die Veränderung.

■ Wasser geht nicht verloren, Seite 46/47

Wasser in gasförmigem Zustand ist unsichtbar in deiner Atemluft enthalten. Durch den Kontakt mit einer kalten Oberfläche, hier ist es ein Spiegel, wird das gasförmige Wasser wieder flüssig und sichtbar. Der Übergang des Wassers von der gasförmigen in die flüssige Zustandsform wird Kondensieren genannt.

Versuch 1

1. Nimm einen Handspiegel und hauche ihn an. Beobachte die Oberfläche des Spiegels. Wiederhole dieses mehrmals.
2. Erkläre, was mit dem Wasser auf dem Spiegel passiert.

Versuch 2

Du brauchst: zwei Schalen, zweimal die gleiche Menge Wasser, eine Plastiktüte mit Verschluss.

1. Fülle zwei Schalen mit der gleichen Menge Wasser. Stelle eine Schale in einen Plastikbeutel und verschließe ihn. Stelle beide Schalen in die Sonne oder in die Nähe einer Heizung. Lass die Schalen drei Tage lang stehen.
2. Vermute, was mit dem Wasser in den Schalen passieren wird.
3. Beobachte den Versuch über einen Zeitraum von drei Tagen. Notiere deine Beobachtungen und skizziere sie.

Versuch 3

Du brauchst: einen Teller, ein Glas, einen Krug mit Wasser, einen wasserfesten Stift.

1. Fülle das Glas randvoll. Gieße das Wasser aus dem Glas in den Teller.
2. Fülle erneut das Glas randvoll mit Wasser.
3. Stelle beide Gefäße in die Sonne oder in die Nähe einer Heizung.
   Markiere mit einem wasserfesten Stift den Wasserstand.
4. Vermute, was mit dem Wasser im Teller und im Glas passieren wird.
5. Beobachte den Versuch täglich. Schreibe jede Veränderung auf und skizziere deine Beobachtung.

Wasser geht nicht verloren

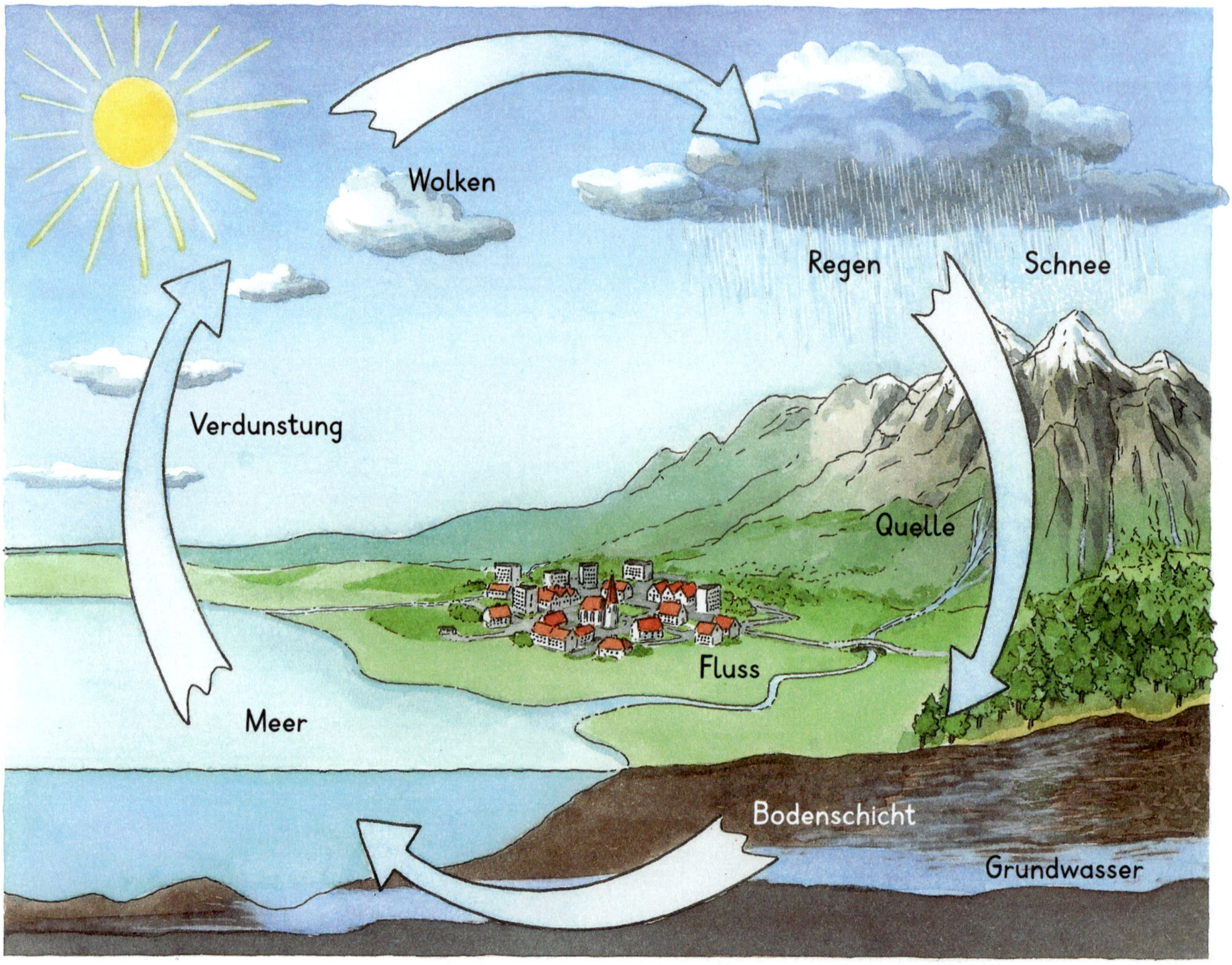

Du hilfst beim Aufhängen der Wäsche. Die Wäsche ist nass und schwer. Nach einigen Stunden ist sie trocken und leichter geworden. Was ist geschehen?
Durch den Einfluss der Sonnenwärme ist das Wasser in der Wäsche verdunstet.
Überall auf der Erde verdunstet ständig Wasser. Nicht nur aus den Meeren, Seen und Flüssen steigt gasförmiges Wasser (Wasserdampf) auf, sondern von allen feuchten Flächen. Einige trocknen dabei aus, wie zum Beispiel Pfützen auf der Straße.

Aus dem Wasserdampf werden wieder sehr kleine Wassertropfen. Sie bilden Wolken. Aus den Wolken gelangt das Wasser als Niederschlag wieder auf die Erde.

Das Regenwasser sammelt sich in Rinnsalen, Bächen, Flüssen und Seen oder versickert im Erdboden. Alle Bäche und Flüsse fließen dem Meer zu. Dieses Wasser bildet das Oberflächenwasser, das wir sehen können.

Vom gesamten Wasser der Erde geht kein einziger Tropfen verloren. Es befindet sich immer im dargestellten Kreislauf.

(1) Verfolge den Weg des Wassers vom Meer bis zu den Bergen. Berichte darüber.

(2) Verfolge den Weg des Wassers von der Quelle bis zum Meer und beschreibe ihn.

(3) Überlege, wo überall Wasser verdunsten kann.

(4) Erkläre mit deinen Worten den Kreislauf des Wassers. Beginne mit der Verdunstung des Wassers an der Meeresoberfläche.

■ Wasser kann sich verwandeln, Seite 44/45

Grundwasser und Quellen
Ein großer Teil des Regenwassers versickert im Boden. Dort wird das Wasser von den Pflanzen aufgenommen oder dringt in immer tiefer liegende Bodenschichten ein. Die Zeichnung zeigt einen Schnitt durch verschiedene Bodenschichten: Humus, Sand, Kies, Ton und Gestein. Manche Bodenschichten lassen das Wasser hindurch. Andere Bodenschichten sind wasserundurchlässig. Über diesen sammelt sich das Regenwasser als Grundwasser. An manchen Stellen tritt es in Quellen wieder ans Tageslicht.

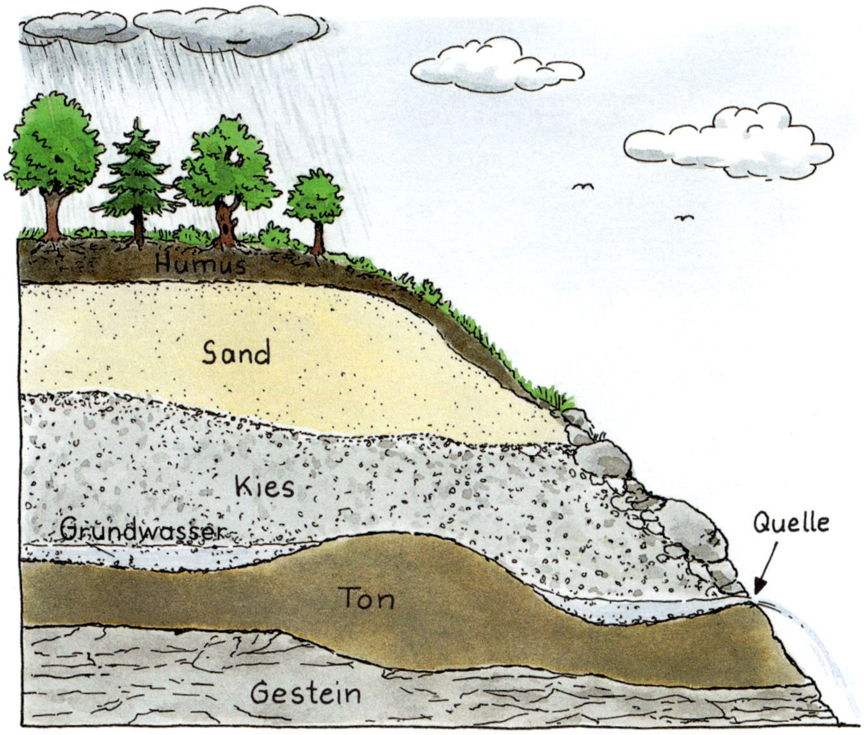

Im Bodenlabor

Ihr braucht: einen Blumentopf, Humus, Sand, Kies, Ton, eine Stoppuhr, ein Einmachglas und einen Messbecher mit Wasser.

1. Gießt immer die gleiche Menge Wasser über die verschiedenen Bodenarten.
2. Messt mit der Stoppuhr, wie lange es dauert, bis das Wasser durch den jeweiligen Boden gelaufen ist. Notiert, wieviel Wasser durch die Bodenschicht geflossen ist.

Grundwassermodell

1. Baut ein Grundwassermodell. Schichtet in beliebiger Reihenfolge in einem Glasgefäß oder Kunststoffgefäß verschiedene Bodenschichten übereinander.
2. Vermutet, über welcher Bodenschicht sich das Wasser sammeln wird oder ob es ganz durchlaufen wird. Gießt Wasser oben in das Modell und beobachtet. Erklärt eure Versuchsergebnisse.

Schwimmen, sinken, schweben

Beobachten und experimentieren

Tim wundert sich, dass ein Schiff aus Metall schwimmen kann und ein Metallstück im Wasser versinkt. Daraufhin überprüft er mit Fiona, welche Gegenstände und Stoffe im Wasser schwimmen und welche sinken.

Ulrike liest aus dem Lexikon vor: „Alle Stoffe, die leichter sind als die gleiche Menge Wasser, schwimmen. Stoffe, die schwerer sind als die gleiche Menge Wasser, versinken.“

Überprüfe deine Vermutung mit dem Ergebnis.

1. Lege verschiedene Gegenstände bereit. Vermute, was schwimmt und was sinkt.
2. Überprüfe und vergleiche mit der Vermutung.

	Vermutung		Ergebnis	
Gegenstände	sinkt	schwimmt	sinkt	schwimmt
Korken				

Überprüfe durch Wiegen, welche Stoffe schwimmen und welche sinken werden.

1. Fülle eine Filmdose randvoll mit Wasser, eine andere mit Styroporbröseln. Verschließe beide Dosen mit dem Deckel. Wiege die Dosen. Welche Dose ist schwerer?
2. Fülle eine Dose mit Sand und vergleiche mit der Wasserdose. Wiege zuerst und mache dann die Probe im Wasser.
   Notiere, welche Dosen schwimmen und welche Dosen sinken. Erkläre.

■ Wir experimentieren mit Wasser, Seite 56/57

Überprüfe selbst verschiedene Materialien.

1 Fülle Filmdosen randvoll mit verschiedenen Materialien. Vergleiche mit der Wasserdose durch Wiegen. Was findest du heraus? Notiere in einer Tabelle.

leichter als Wasser **wird schwimmen**	schwerer als Wasser **wird versinken**
Styropor	

Überprüfe, ob Knetgummi schwimmen kann.

1 Vermute: Können die abgebildeten Knetgummifiguren schwimmen? Forme die Figuren aus Knete und setze sie ins Wasser. Beobachte. Versuche, die Ergebnisse zu erklären.

Überprüfe, ob die Schraube im Wasser „leichter“ wird.

Du benötigst: einen Schaschlikspieß, Zwirn, Tesafilm, zwei gleich schwere Schrauben, ein Glas mit Wasser.

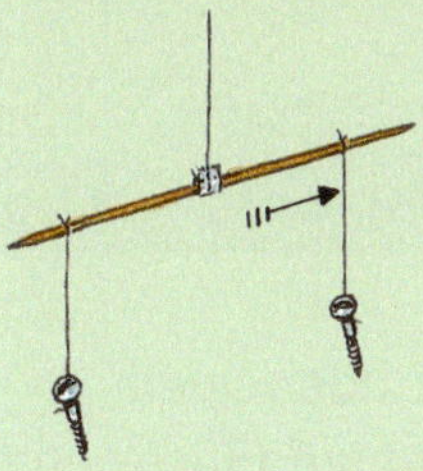

1 Baue wie in der Abbildung zu sehen eine Waage mit zwei Schrauben. Wickle zuerst in der Mitte des Stabes den Faden um den Stab und befestige ihn mit einem Tesastreifen. Befestige dann die zwei Schrauben so mit einem Faden an den Stabenden, dass sie im Gleichgewicht hängen.

2 Tauche eine Schraube langsam in das Wasserglas ein. Wie verhält sich die Waage?

Überprüfe, ob eine mit Sand gefüllte Filmdose im Wasser schweben kann.

Tauchboote können in große Tiefen sinken und wieder aufsteigen. Um schwerer zu werden, füllen sie Wasser in Tanks. Um aufzusteigen, blasen sie die Tanks mit Druckluft wieder leer. Dadurch werden sie leichter. Wenn ein Tauchboot in einer bestimmten Tiefe schweben will, muss es gleich schwer wie das Wasser sein.

1 Probiere aus, ob du eine Filmdose in einem Wasserbehälter schweben lassen kannst.

2 Fülle dazu so viel Sand in die Dose, dass sie wie ein Tauchboot im Wasser schwebt.

Woher kommt unser Trinkwasser?*

Trinkwasser ist das wichtigste Lebensmittel. Wir bekommen es aus dem Wasserwerk. Dort wird es jedoch nicht hergestellt. Wasser wird aus der Natur entnommen und im Wasserwerk gereinigt.
Trinkwasser kann aus dem Grundwasser, aus einem Fluss, aus einer Quelle oder aus einer Talsperre stammen. Grundwasser und Quellwasser sind besonders gut für die Gewinnung von Trinkwasser geeignet. Dieses Wasser ist beim Versickern in den Boden durch Kies- und Sandschichten gefiltert worden. Dabei werden viele Schmutzteilchen, die im Wasser waren, im Kies und Sand festgehalten.

Wenn nicht genug Grundwasser oder Quellwasser vorhanden ist, muss man auf Fluss- und Talsperrenwasser zurückgreifen. Flusswasser entnimmt man nicht direkt aus dem Fluss, sondern erst nachdem es durch den Uferkies und Ufersand gesickert ist. So wird auch hier die Filterwirkung des Bodens ausgenutzt.

In Gebirgen gibt es Trinkwassertalsperren, deren Wasser in Rohren bis in die Wasserwerke der Städte geleitet wird.

* = optionales Thema, nicht Inhalt des LehrplanPlus

■ Wozu brauchen wir Trinkwasser?, Seite 52/53
■ Wohin mit dem gebrauchten Wasser?, Seite 54/55

Im Wasserwerk wird das Wasser so aufbereitet, dass man es ohne Gefahr für die Gesundheit trinken kann. Dazu wird es gefiltert und entkeimt. Manchmal ist das Wasser stärker verschmutzt. Dann ist die Behandlung des Wassers aufwändig und teuer.

Die Aufbereitung von Trinkwasser ist sehr unterschiedlich. Sie richtet sich nach der jeweiligen Beschaffenheit des natürlichen Wassers. Immer wird es jedoch gefiltert und entkeimt.

Ein Vorratsbehälter sorgt dafür, dass bei Bedarf immer genügend Trinkwasser zur Verfügung steht. Damit das Trinkwasser nicht aus dem Wasserhahn tröpfelt oder mit zu hohem Druck aus dem Wasserhahn schießt, gibt es Pumpstationen. Sie sorgen dafür, dass das Wasser immer mit gleichem Druck aus dem Hahn strömt.

(1) Beschreibe mithilfe der Abbildung, wie Trinkwasser gewonnen wird.

(2) Informiert euch, woher euer Trinkwasser stammt und in welchem Wasserwerk es aufbereitet wird.

Wozu brauchen wir Trinkwasser?

Fast jedes Haus ist an ein weit verzweigtes unterirdisches Wasserleitungsnetz angeschlossen. An der Anschlussstelle misst eine Wasseruhr die entnommene Trinkwassermenge.

Trinkwasser muss bezahlt werden, denn die Aufbereitung und Verteilung kosten Geld. Jeder von uns gebraucht täglich sehr viel Wasser, zum Beispiel zum Duschen, Kochen oder Toilettespülen. Um Geld zu sparen und die Umwelt zu schonen, sollten wir sparsam mit Trinkwasser umgehen.

Zum Duschen benötigt man weniger Trinkwasser als zum Baden. Tropfende Wasserhähne müssen repariert werden, damit das Wasser nicht ungenutzt wegfließt.

(1) Beschreibe mithilfe des Bildes, wozu Trinkwasser genutzt wird.

(2) Überlege weitere Möglichkeiten, wie man Trinkwasser sparen kann.

■ Woher kommt unser Trinkwasser?, Seite 50/51
■ Wohin mit dem gebrauchten Wasser?, Seite 54/55

Im Haushalt wird Trinkwasser verschmutzt, zum Beispiel beim Geschirrspülen durch Essensreste und Spülmittel. Auch beim Duschen und Zähneputzen verschmutzen wir das Trinkwasser mit Seife und Zahncreme. Beim Wäschewaschen gelangen Schmutz und Waschmittel in das Wasser.
Das Schmutzwasser wird in Abwasserkanäle geleitet. Unter der Erde gibt es ein großes Netz von Abwasserkanälen, an das fast alle Häuser angeschlossen sind.

Beim Autowaschen gelangt Öl in das Wasser. Autos dürfen deshalb nur in Waschanlagen gewaschen werden. Dort gibt es Vorrichtungen, die das Öl aus dem Schmutzwasser entfernen

(3) Auf dem Bild sind Beispiele dargestellt, wie Trinkwasser verschmutzt wird. Nenne sie.

(4) Beschreibe, welcher Schmutz dabei ins Wasser gerät. Schau in der Abbildung nach, wer sich falsch verhält.

Wohin mit dem gebrauchten Wasser?*

Der Abwasserkanal mündet in die Kläranlage. Dort wird das verschmutzte Wasser in mehreren Stufen gereinigt.
Ein Rechen sieht große Teile heraus, zum Beispiel Wattestäbchen, Plastiktüten, Toilettenpapier, Filter von Zigaretten oder Strümpfe. Hier findet sich leider vieles, was nicht in die Toilette gehört. Nach dieser groben Reinigung fließt das Wasser in einen Sandfang. Dort setzt sich der Sand ab. In dieser Reinigungsstufe werden auch Fette und Öle entfernt.

(1) Vermute, wie Sand in das Abwasser gelangen kann.

Vom Sandfang fließt das Wasser in ein Vorklärbecken. Dort sinken kleine Schmutzteile auf den Boden. Schmutz, der leichter ist als Wasser, schwimmt auf der Oberfläche. Mit Schiebern wird dieser Schmutz von der Oberfläche und vom Boden des Beckens entfernt.
Das Wasser fließt nun in ein Belebungsbecken, in dem Luft in das Wasser geblasen wird. Diese Luft brauchen nützliche Bakterien zum Leben. Sie „fressen“ manchen Schmutz, zum Beispiel Essensreste vom Geschirrspülen oder Fäkalien. Schmutz und Bakterien bilden im Wasser Flocken.

* = optionales Thema, nicht Inhalt des LehrplanPlus

■ Woher kommt unser Trinkwasser?, Seite 50/51
■ Wozu brauchen wir Trinkwasser?, Seite 52/53

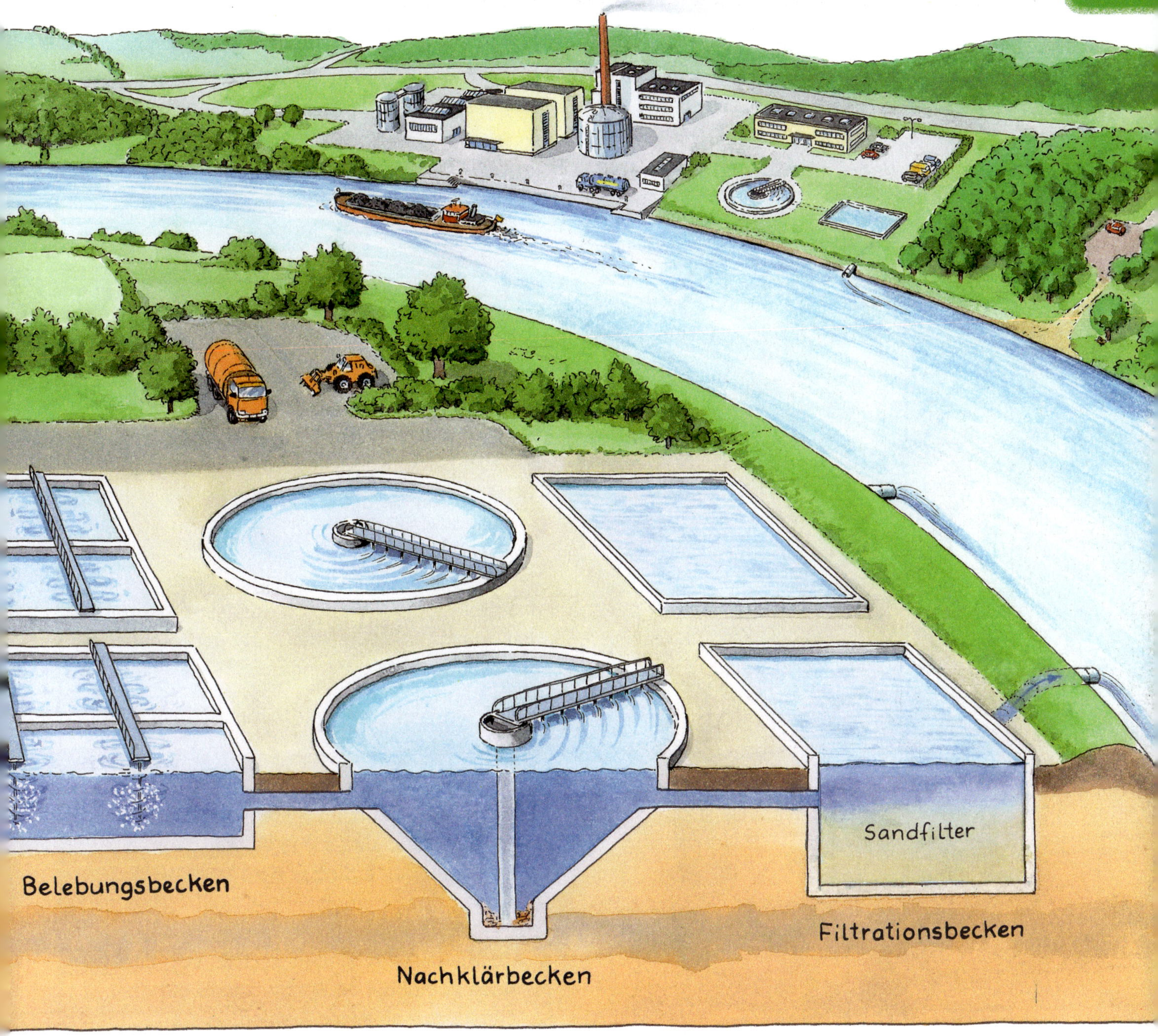

Aus dem Belebungsbecken fließt das Wasser in das Nachklärbecken. Hier setzen sich die Flocken als Schlamm ab. Dieser wird später beseitigt. Nach dem Nachklärbecken entfernt eine Filteranlage die restlichen chemischen Verunreinigungen. Obwohl in der Kläranlage ein großer Teil des Schmutzes wieder entfernt wird, ist das geklärte Wasser noch nicht so sauber, dass man es wieder trinken könnte. Das Wasser wird nach der Reinigung in der Kläranlage in Bäche oder Flüsse eingeleitet. In natürlichen Gewässern kann sich dieses Wasser selbst weiter reinigen.

Ohne die Kläranlage wären die Reinigungskräfte der Natur hoffnungslos überfordert. Wasser ist eine Leihgabe der Natur. Durch das Klären geben wir es in einem zumutbaren Zustand an die Natur zurück. Abwasser muss bezahlt werden, da die Reinigung viel Geld kostet.

(2) Beschreibe die Klärung des Wassers mithilfe der Abbildung.

(3) Erkundigt euch, wo die Kläranlage steht, in der das Abwasser aus eurem Wohngebiet geklärt wird. In welches Gewässer wird das geklärte Wasser eingeleitet?

Wir experimentieren mit Wasser*

Schmutzwasser reinigen – ein Experiment

1. Fragestellung
Können wir Schmutzwasser in mehreren Schritten vollständig reinigen?

2. Material und Versuchsaufbau
Ihr braucht: ein grobes und ein feines Sieb, drei Gläser, einen Krug, etwas Erde, Sand, Kaffeesatz, ein paar Haare, einige Spritzer Spülmittel, einen Kaffeefilter mit Filtertüte und einen Trinkhalm.

a) Stellt im Krug Schmutzwasser her. Gebt Erde, Sand, Kaffeesatz, Haare und Spülmittel in das Wasser.

3. Vermutung
Vermutet, welcher Schmutz beim Filtern durch das grobe Sieb (4a), durch das feine Sieb (4b) und durch den Kaffeefilter (4d) ausgesiebt wird. Schreibt euere Vermutungen auf.

4. Versuchsdurchführung

a) Gießt das Schmutzwasser zuerst durch das grobe Sieb in ein Glas. Notiert, welcher Schmutz im Sieb bleibt.

b) Gießt danach das aufgefangene Wasser durch das feine Sieb in ein zweites Glas. Notiert das Ergebnis.

c) Lasst das so gereinigte Wasser mindestens 30 Minuten (4c) stehen, sodass sich alle noch vorhandenen Schmutzreste auf dem Glasboden absetzen können.

d) Gießt das Wasser vorsichtig durch den Filter in das dritte Glas. Der Bodensatz darf dabei nicht aufwirbeln. Notiert, welche Schmutzreste im Kaffeefilter bleiben.

e) Pustet zum Schluss mit dem Trinkhalm in das filtrierte Wasser. Schreibt auf, was ihr beobachtet. Versucht, das Ergebnis zu erklären.

5. Versuchsergebnisse

a) Vergleicht die Ergebnisse mit euren Vermutungen.

* = optionales Thema, nicht Inhalt des LehrplanPlus

■ Schwimmen, sinken, schweben, Seite 48/49

So schreibt ihr ein Versuchsprotokoll

1. Schreibt eure Fragestellung und eure Vermutung auf.
2. Notiert die Materialien und skizziert den Versuchsaufbau.

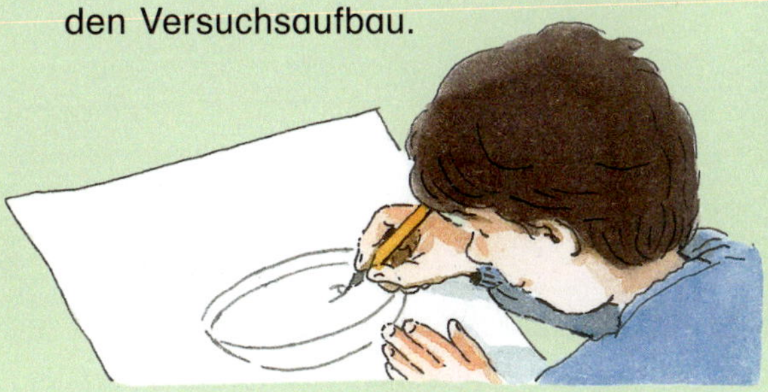

3. Beschreibt die Durchführung der Experimente in einzelnen Schritten und in der richtigen Reihenfolge.
4. Führt die Experimente durch. Notiert und skizziert die Ergebnisse. Vergleicht sie mit euren Vermutungen.

Informationen zur Oberflächenspannung

Wasser hat eine Oberflächenspannung. Ganz leichte Gegenstände werden dadurch von der Wasseroberfläche wie von einer Haut getragen. Der Wasserläufer geht nicht unter, weil ihn die Oberflächenspannung auf der Wasseroberfläche hält. Er kann sich auf der Wasseroberfläche bewegen, ohne zu versinken.

Wasserläufer

Eigene Versuche zum Thema Oberflächenspannung selbst entwickeln

1. Schaut die Abbildungen genau an. Sie helfen euch zu erkennen, welches Material ihr für euren Versuch benötigt.
2. Entwickelt zuerst eine Fragestellung.
3. Vermutet, welches Ergebnis ihr erhalten werdet.
4. Überlegt, wie ihr den Versuch durchführen wollt. Plant eine Reihenfolge der einzelnen Arbeitsschritte.
5. Führt den Versuch durch und protokolliert (siehe oben) alle Schritte und das Ergebnis.
6. Vergleicht euer Versuchsergebnis mit euren Vermutungen.

Trinkwasser ist kostbar

Wasserverteilung auf der Erde (Gesamtmenge = 100)

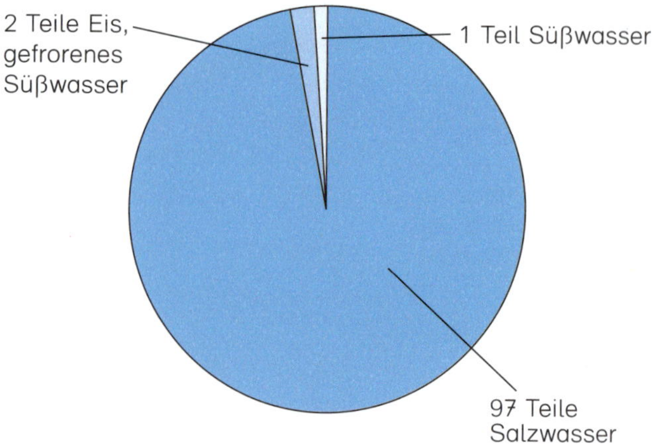

Unser Planet Erde ist größtenteils mit Wasser bedeckt. Deshalb sieht die Erde im Weltall wie eine blaue Kugel aus und wird oft „blauer Planet“ genannt.
Wasser kann in verschiedener Form vorkommen, als Salzwasser in den Meeren und Ozeanen, als Süßwasser in den Bächen, Flüssen und Seen, aber auch als riesige Eisflächen aus Süßwasser in der Arktis und Antarktis.
Als Wasser für Pflanzen und Trinkwasser für Menschen und Tiere ist nur Süßwasser geeignet. Das Kreisdiagramm zeigt die Verteilung der Formen des Wassers auf der Erde.

(1) Betrachte das Kreisdiagramm. Nenne die im Kreisdiagramm dargestellte Verteilung des Wassers.

Menschen, Tiere und Pflanzen können ohne Wasser nicht leben, da für alle Lebensfunktionen Wasser benötigt wird. Ein Mensch kann zum Beispiel ohne Trinkwasser nur etwa drei bis vier Tage überleben.

In vielen Gebieten der Erde ist die Versorgung mit Trinkwasser sehr schwierig. Die Menschen dort müssen oft das Wasser über weite Wege von wenigen Brunnen holen. Diese schwere und anstrengende Arbeit ist oft die Aufgabe der Mädchen und Frauen.
Wenn es dann monatelang nicht regnet oder zu wenig regnet, können auch die Brunnen austrocknen und die wenigen Felder verdorren. Das Vieh verdurstet. Die Menschen müssen ihre Heimat verlassen und auf die Hilfe von anderen Menschen hoffen.

■ Wozu brauchen wir Trinkwasser?, Seite 52/53
● M 3 Daten auswerten, Seite 125

Wenn wir den Wasserhahn aufdrehen, fließt sofort Trinkwasser, das wir für viele Zwecke gebrauchen. Es steht uns in bester Qualität – und so viel wie wir wollen – zur Verfügung. Jeder von uns verbraucht täglich sehr viel Wasser, z.B. zum Baden oder Duschen, zum Händewaschen oder um die Toilette zu spülen.

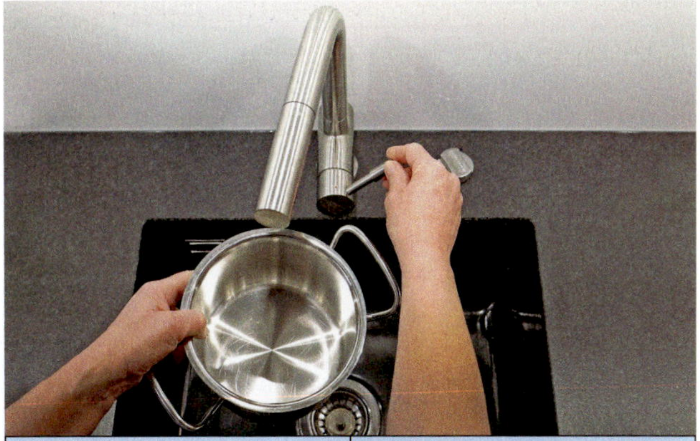

Tätigkeiten	Täglicher, durchschnittlicher Wasserverbrauch pro Person
Hände waschen	15 Liter
baden/duschen	30 Liter
kochen	5 Liter
reinigen	10 Liter
abspülen	5 Liter
Toilette	30 Liter
Wäsche waschen	30 Liter

(2) Rechne anhand der Tabelle aus, wie viel Wasser du täglich für die Körperpflege benötigst.

(3) Berechne, wie viele Liter Trinkwasser eine Person pro Tag bei uns verbraucht.

(4) Überlege, wo du zuhause Wasser sparen könntest. Nenne Beispiele.

(5) Manche Fachleute kritisieren, dass wir bestes Trinkwasser zum Spülen der Toilette benutzen, statt Regenwasser oder Brauchwasser zu benutzen. Nenne deine Meinung und begründe sie.

Nicht nur in den Privathaushalten wird Wasser verbraucht. Zahlreiche Industriebetriebe benötigen riesige Mengen an Wasser. Es wird zum Beispiel in Fabriken zum Reinigen von Maschinen und Werkteilen eingesetzt.
In Kraftwerken und in der Stahlindustrie, wo sehr hohe Temperaturen entstehen, dient Wasser zum Kühlen. Oft sind die Kühltürme mit ihren Dampfwolken schon von Weitem zu sehen.
In Deutschland gelten strenge Gesetze zum Schutz des Wassers. Fabriken dürfen nur gut gereinigte Abwässer in die anliegenden Fließgewässer leiten. Wasserschutzbehörden kontrollieren die Wasserqualität. Diese Behörden entscheiden auch, ob und wie viel Wasser entnommen werden darf.
Trinkwasser wird in Deutschland in Wasserschutzgebieten gewonnen. In diesen Gebieten herrschen strenge Regeln. Transport oder Lagerung von Öl oder anderen schädlichen Stoffen ist dort verboten. Die Landwirtschaft ist dort eingeschränkt und darf die Wasservorräte nicht gefährden.

(6) Informiert euch bei eurem örtlichen Trinkwasserversorger über die Trinkwasserschutzgebiete in eurer Umgebung.

Geschichtswerkstatt

Was kann man in einem Museum alles sehen?

- Siegel
-
- Bilder
- Karten/Pläne
- Modelle
- Postkarten
-
- Akten/Rechnungen

1. Erkundigt euch, welche Museen es in eurem Heimatort oder in der Region gibt. Dabei helfen vielleicht das Internet, das Telefonbuch oder das Fremdenverkehrsbüro.

2. Fordert per Telefon, Fax oder E-Mail nähere Informationen des Museums an. Erkundigt euch nach Öffnungszeiten, Eintrittspreisen, Prospekten und Führungen für Schulklassen.

Geschichtswerkstatt vor Ort – Was geschah in eurer Gegend . . .

Ausgrabung eines Gräberfeldes

. . . in der Zeit der Kelten?

Ausstellung zur Schwedenschlacht 1632

. . . in der Zeit des Dreißigjährigen Krieges?

M 6 Ein Referat vorbereiten, Seite 126
M 7 Ein Referat halten, Seite 128
M 8 Rückmeldungen geben und annehmen, Seite 128

Was findet man in einem Archiv?

- alte Plakate
- alte Urkunden
- Tonbänder
- Filme
- Bücher
- Fotos
- Programme/ Festschriften

3 Informiert euch, ob es in eurem Heimatort ein Stadt- oder Gemeindearchiv gibt. Was wird in dem Archiv gesammelt? Könnt ihr mit der Klasse das Archiv besuchen?

4 Sammelt Informationen zur Geschichte eures Heimatortes. Erstellt daraus eine Zeitleiste mit wichtigen Ereignissen. Haltet zu einzelnen Ereignissen kurze Referate.

Was geschah in eurem Ort . . .

Bahnhof

. . . in der Zeit, als die Eisenbahn gebaut wurde?

... Im Mittelalter stand hier der 1317 erstmals urkundlich erwähnte Cressenhof. Der Renaissancebau stammt aus der 2. Hälfte des 16. Jahrhunderts. ... Am 16. März 1945 durch Bomben zerstört. ... 1955 ... wieder aufgebaut ...

Mahnmal oder Gedenktafel

. . . in der Zeit des Zweiten Weltkrieges?

Unsere Gegend, unser Ort in der Zeit ...

So lebten die Kelten
Die Stämme der Kelten lebten vor Christi Geburt in weiten Gebieten Europas. Etwa 500 Jahre vor Christus siedelten Kelten auch auf dem Gebiet des heutigen Bayern. Flüsse wie Main, Donau, Isar, Lech und Inn haben ihre Namen vermutlich aus keltischer Zeit.
Viele Ausgrabungen und Funde zeugen vom Leben und der Kunstfertigkeit der Kelten. Die Gewänder der Frauen und Männer waren gewebt. Mit einem Gürtel und kostbaren Spangen wurden sie zusammengehalten. Frauen trugen außer Kopfschmuck gerne Halsreifen, Arm- und Beinringe. Zur Ausstattung der Krieger gehörte meist ein Helm, ein großer Schild, ein Schwert und eine Lanze.

Die keltischen Stämme wurden von reichen Fürstenfamilien regiert. Neben den Stammesfürsten spielten auch die Druiden eine besondere Rolle. Sie waren zugleich Priester, Medizinmänner, Lehrer und Richter. Ihr umfangreiches Wissen hielten sie geheim oder gaben es nur mündlich weiter. Die meisten Menschen waren einfache Handwerker, Händler, Bauern oder Hirten. Die Handwerker fertigten schön geformte, verzierte Tongefäße, kunstvolle Schmuckgegenstände aus Bronze und Waffen aus Eisen. Auch die Glasverarbeitung war schon bekannt. Mit Glaswaren wurde Handel bis in ferne Länder betrieben. Zunächst wurden die Waren gegen andere Waren getauscht, dann führten die Kelten den Geldhandel mit Münzen ein.

In einer keltischen Siedlung

Geschichtswerkstatt vor Ort

Spurensuche:

1. Siedelten die Kelten auch in der Nähe eures heutigen Wohn- oder Schulortes?
   Am besten schlagt ihr dazu in einem Buch zur Ortsgeschichte nach. Dort wird oft von Besiedelungen aus der Frühzeit berichtet und auf Funde und Ausgrabungen hingewiesen. Fachleute für diese Fragen sind auch die örtlichen Heimatpfleger. Sie wissen über neueste Forschungen Bescheid.
2. Gibt es bei euch keltische Viereckschanzen?
   In manchen Gegenden findet man in der Landschaft seltsame Erdwälle, die ein geschlossenes Viereck bilden. An einer Seite befindet sich ein Eingang. In Wanderkarten sind die so genannten Keltenschanzen eingezeichnet. Ihre Bedeutung ist noch unklar. Handelt es sich um die Reste eines keltischen Heiligtums, um einen besonderen Versammlungsort oder um den Außenwall eines großen Bauernhofes?

■ Geschichtswerkstatt, Seite 60/61
■ Ein Ereignis in unserer Gegend, in unserem Ort ... als Hördokumentation, Seite 70/71

... der Kelten

Keltische Siedlungen

Die Kelten suchten für ihre Siedlungen meist die Nähe von Flüssen mit fruchtbarem Ackerland. Neben kleinen Dörfern gab es in Bayern einige große, bedeutende Siedlungen, die auf eine zahlreiche Bevölkerung und mächtige Fürsten hinweisen. Ausgedehnte Fliehburgen lagen auf Bergrücken. Hinter kunstvoll aufgeschichteten Steinwällen fanden dort viele Menschen aus den umliegenden Dörfern vor kriegerischen Übergriffen Zuflucht. Berühmt ist die keltische Stadt Manching. Bei Ausgrabungen entdeckte man ihre riesigen Ausmaße. Eine hohe Wallmauer mit großen Toren schützte sie. In der Stadt lebten wahrscheinlich 15000 Menschen. Bauern bewirtschafteten Ackerflächen und Viehweiden innerhalb der Mauern. Außerdem waren in der Stadt viele Handwerksbetriebe ansässig. Das Schmiedehandwerk, die Töpferei und die Herstellung von Glas spielten eine besondere Rolle. Die Handelsbeziehungen Manchings reichten über ganz Europa.

Bronzegeldbörse mit Goldmünzen (Manching)

Geschirr (Manching)

Mauer um eine keltische Stadt (Manching)

Gürtelschnalle (Manching)

Geschichtsexperten bei der Arbeit: 

1. Besucht eine Ausstellung oder ein Museum zum Thema „Kelten“. Vielleicht dürft ihr dort auch einzelne Fundstücke ganz aus der Nähe betrachten.
2. Stellt selbst eine Keltenausstellung zusammen. Leiht euch dazu Bücher aus der Bibliothek. Kopiert und vergrößert interessante Bilder und beschriftet sie. Stellt die Arbeit vor.
3. Die hohen Wallmauern um keltische Burganlagen und Städte waren aus Steinblöcken geschichtet und mit einem Balkengerüst verstärkt. Baut im Sandkasten ein Modell nach dem Vorbild der Manchinger Mauer.
4. Beim Bau von Straßen oder Bahnlinien stößt man immer wieder unerwartet auf frühgeschichtliche Funde. Vielleicht erfahrt ihr von Ausgrabungen in eurer Nähe und besucht sie.

Unsere Gegend, unser Ort in der Zeit ...

Der Dreißigjährige Krieg wütet in Europa
In der Zeit nach der Reformation gab es große Gegensätze zwischen Protestanten und Katholiken, aus denen sich viele Streitigkeiten entwickelten. Katholische und protestantische Fürsten führten deshalb 30 Jahre lang gegeneinander einen grausamen Krieg. Der Dreißigjährige Krieg wütete zwischen 1618 und 1648 in vielen Ländern Europas. Er fand auch auf dem Gebiet des heutigen Bayern statt. In der Geschichte vieler Orte stellt der Dreißigjährige Krieg einen schlimmen Einschnitt dar, verbunden mit schrecklichen Geschehnissen.

In den dreißig Kriegsjahren zogen riesige Landsknechtsheere von Schlacht zu Schlacht durch das Land. Für einen geringen Sold (Lohn) kämpften sie gegen die andere Kriegspartei. Zu ihrem Begleittross gehörten auch viele Frauen und Kinder. Ihren Unterhalt mussten sich die Soldaten selbst besorgen. So plünderten sie Bauern und Bürger aus und machten rücksichtslos von der Waffe Gebrauch. Sie verwüsteten Dörfer, zün-deten Häuser an, folterten und ermordeten die Bevölkerung. Als Folge des Krieges starben sehr viele Menschen außerdem an Hungersnöten und der Pest, einer schrecklichen Seuche.

Die Schweden vor München 1632

Geschichtswerkstatt vor Ort

Spurensuche:

1 Straßennamen erinnern oft an wichtige Ereignisse am Ort. Gibt es bei euch eine Schweden-, Gustav-Adolf- oder Gustavstraße? Das kann ein Hinweis auf den Durchzug schwedischer Truppen und ihren König Gustav Adolf sein. Wallensteinstraßen deuten auf den kaiserlichen Heerführer hin. Straßennamen, in denen Schanze vorkommt, liegen oft in der Nähe ehemaliger Befestigungsanlagen.

2 In der Zeit des Dreißigjährigen Krieges war es Brauch, Pestsäulen aufzustellen. In ihrer Angst vor dem Pesttod beteten die Menschen zu Maria und zu besonderen Pestheiligen, wie zum heiligen Rochus oder zum heiligen Sebastian. Die verzweifelten Menschen versprachen, ihnen zur Ehre eine Pestsäule aufzustellen, wenn sie verschont oder wieder gesund würden. Kennt ihr in eurer Nähe eine Pestsäule? Steht die Figur eines Pestheiligen in eurer Kirche?

■ Geschichtswerkstatt, Seite 60/61
■ Ein Ereignis in unserer Gegend, in unserem Ort ... als Hördokumentation, Seite 70/71

… des Dreißigjährigen Krieges

Überall leiden die Menschen unter dem Krieg

Aus Ortschroniken

„Nun im Dorfe, wo die Soldaten nichts alſ leere Häuſer, und keinen Menſchen fanden, war ein ſchrecklicher Anblick. Das ganze Dorf ſchien im Feuer zu ſtehen. Sie nahmen Stühle, und Bänke auſ den Häuſern, und trugen die Dächer ab, und füllten alle Gaſſen mit fürchterlichen Wachtfeuern, und das ganze Dorf mit Schreien und Heulen an, wie ſonſt nur Hunger, und Verzweiflung zu tun pflegt."

Erling 1633

„Weil aber die Soldaten mit Lichtern und Fackeln alle Winkel durchſuchten, ſo half auch das Verbergen nicht viel, ſondern die Leute wurden häufig gefunden, geſchlagen und ſolang gepeinigt, bis ſie all ihr Geld und verwahrte beſte Sachen anzeigten und an den Tag gaben."

Weiden 1635

„Außer an dem Getraid mangelte es an nahrhaftem Viehe, und Geflügel aller Sorten ſehr. . . . Übrigens war nicht nur hier, ſondern in der ganzen Gegend kein Schaf, kein Schwein, keine Gans, keine Henne zu finden."

Andechs 1634

„Den 20. März überſetzten unverſehens 300 ſchwediſche Reiter den Lech bei Kaufering, und nahmen den Augsburger Kaufleuten, die nacher Landsberg auf den Markt reiſten, und auch einigen Bauern ihre Pferde weg, und gingen wieder zurück."

Kaufering 1647

„Er verzählte, dass alle Nacht mehrere Wägen voller Tote auſ der Stadt geführet werden, und dass in einer Woche 500 und vielleicht darüber an der Peſt geſtorben ſeien."

München 1634

(1) Welches Schicksal erfuhren die Orte in eurer Gegend im Dreißigjährigen Krieg?

Geschichtsexperten bei der Arbeit:

1. Fragt im Archiv der Gemeinde, der Kirche oder des Heimatmuseums nach alten Aufzeichnungen, Urkunden und Stichen aus dem Dreißigjährigen Krieg. Lasst sie euch zeigen und vorlesen. Vielleicht gibt es auch noch andere Erinnerungsstücke.
2. Forscht in Sagenbüchern nach Sagen aus der Zeit des Dreißigjährigen Krieges.
3. Am Ort der Schlachten sind zum Teil noch Spuren der ehemaligen Befestigungen zu finden. Erkundigt euch beim zuständigen Heimatpfleger, ob in eurer Gegend ein Kriegsereignis stattgefunden hat. Plant einen Unterrichtsgang zum geschichtlichen Ort. Sucht nach Wällen, Aufschüttungen und Hohlwegen. Oft sind die Verteidigungsanlagen viereckig oder sternförmig. Fertigt eine Lageskizze. Informiert euch über das Geschehen.

Unsere Gegend, unser Ort in der Zeit ...

Ein Eisenbahnnetz entsteht
1835 fuhr die erste Eisenbahn von Nürnberg nach Fürth. Die Meinungen über das neue Verkehrsmittel waren geteilt. Die einen hatten Angst vor dem eisernen Ungetüm, die anderen begrüßten es, weil nun viele Personen und große Gütermengen schnell befördert werden konnten. Während man mit dem Pferdefuhrwerk mühsam die Ladung auf schlechten Straßen über Berg und Tal ziehen musste, rollten die von einer Lokomotive gezogenen Eisenbahnwagen in kurzer Zeit von einem Ort zum anderen. Man erkannte schnell die wirtschaftliche Bedeutung der Eisenbahn. In Bayern wurden in wenigen Jahren die wichtigsten Städte durch Eisenbahnlinien verbunden. Dies erforderte für damalige Zeiten große Eingriffe in die Natur und technisch aufwändige Bauwerke. Die Strecken durften nicht zu steil sein und führten über lange Dämme, hohe Bogenbrücken und erforderten neuartige Tunnel. So entstand im Königreich Bayern in wenigen Jahrzehnten ein dichtes Eisenbahnnetz.

Die erste deutsche Eisenbahn von Nürnberg nach Fürth 1835

Das bayerische Eisenbahnnetz 1868

Geschichtswerkstatt vor Ort

Spurensucher

1. Viele alte Bahnstrecken wurden in den letzten Jahren stillgelegt, weil sie nicht mehr benötigt werden. Auf den nicht mehr benutzten Gleisanlagen und Bahndämmen wurden Umgehungsstraßen oder schöne Rad- und Wanderwege angelegt. Entlang der ehemaligen Bahnlinie findet man oft noch alte Brücken, Bahnhofs- und Lagergebäude sowie Ausflugslokale und frühere Touristenattraktionen.
2. Gibt es in eurer Nähe eine stillgelegte Bahnstrecke? Informiert euch über ihre Geschichte und plant einen Wandertag dorthin. Sucht nach Spuren des Eisenbahnbetriebs.
3. Ein anderes lohnendes Ziel für Klassenfahrten sind Eisenbahnmuseen und Museumsbahnen. Neben alten Lokomotiven gibt es dort häufig Archive über die Geschichte der Eisenbahn. Oft lässt sich hier auch etwas über euren Heimatbahnhof herausfinden.

■ Geschichtswerkstatt, Seite 60/61
■ Ein Ereignis in unserer Gegend, in unserem Ort ... als Hördokumentation, Seite 70/71

... als die Eisenbahn gebaut wurde

Regionalbahnen erschließen Bayern
Bald wollten auch kleinere Gemeinden einen Anschluss an das Eisenbahnnetz. Vor allem für die Entwicklung von Fabriken war die Eisenbahn wichtig. Nur so konnten Rohstoffe günstig herangeschafft und große Mengen an Waren weit weg in den Handel gebracht werden. Die Menschen wünschten sich einen Eisenbahnanschluss, um nicht mehr weite Fußmärsche und langsame, unbequeme Postkutschenfahrten in die nächste Stadt zu haben.

Vor über 100 Jahren gründeten deshalb vielerorts Privatleute örtliche Eisenbahngesellschaften. Diese bauten und betrieben dann so genannte Regional- oder Lokalbahnen. Der Verlauf der neuen Bahnstrecken führte meist entlang von Flussläufen zu einer größeren Stadt, in der die Bahnnebenlinie dann in eine Fernstrecke mündete. Die Eröffnung des Bahnhofs war am Ort ein wichtiges Ereignis, das mit Freude begrüßt und mit großen Erwartungen verbunden wurde.

Einweihung eines Regionalbahnhofs 1902

(1) Informiert euch, ob es bei euch im Ort oder im Umland ein ähnliches Ereignis gab.

Geschichtsexperten bei der Arbeit: 
Was kann man über das Ereignis einer Eisenbahnstrecken- oder Bahnhofseinweihung im Museum oder Archiv alles entdecken?

1. *Alte Abbildungen – Stiche oder Fotos*
   Welche Gebäude standen damals? Woran sieht man, dass es sich um eine feierliche Einweihung handelt? Sind wichtige Personen zu erkennen? Wie sind sie gekleidet? Kann man den Lokomotivtyp bestimmen? ...
2. *Zeitungsberichte*
   Gibt es Berichte vom Ablauf der Feierlichkeiten? Werden darin auch Erwartungen an das neue Verkehrsmittel erkennbar?
3. *Streckenkarten – Alte Fahrpläne*
   Wohin fuhren die Züge? Wann und wie lange fuhren sie? Was kostete eine Fahrt?
4. *Erinnerungsstücke oder Andenken*
   Gibt es noch Festprogramme, Festreden, Fahrkarten, Speisekarten vom Festessen...?

Unsere Gegend, unser Ort in der Zeit …

Der Zweite Weltkrieg
Als schrecklichstes Ereignis des letzten Jahrhunderts haben noch viele alte Menschen den Zweiten Weltkrieg in Erinnerung. Die Regierung Hitlers führte 1939 Deutschland in einen Krieg, der unsagbares Leid über das eigene Volk, die Länder Europas und über die ganze Welt brachte. Das furchtbare Kriegsgeschehen des Zweiten Weltkrieges dauerte sechs Jahre bis 1945. Am Ende trauerten die Völker über viele Millionen toter Soldaten und Zivilisten. Städte und Dörfer waren zerstört, die Überlebenden litten Hunger und Not. Zahlreiche Menschen mussten fliehen oder wurden aus ihrer alten Heimat vertrieben.

Bomben bringen Tod und Zerstörung
Nicht nur die Soldaten erlebten Tod und Verderben in den Kriegsgebieten, sondern auch die Menschen daheim hatten unter dem Kriegsgeschehen zu leiden. Während deutsche Bomben auf London fielen, flogen Engländer und Amerikaner schwere Bombenangriffe auf deutsche Städte. Dadurch wurden Schäden und Feuersbrünste unvorstellbaren Ausmaßes verursacht. Hunderttausende wurden getötet. Ältere Menschen erzählen noch heute davon, dass sie, sobald die Sirenen ertönten, Keller und Luftschutzbunker aufsuchten. In drangvoller Enge hofften sie, den Bombenhagel zu überleben.

Würzburg nach einem Bombenangriff am 16. März 1945

Geschichtswerkstatt vor Ort

Spurensuche:

1. Was geschah in eurer Gegend, in eurem Ort während des Zweiten Weltkrieges? Gab es in der Nähe Städte, die bombardiert wurden? Wie verlief in deinem Heimatort das Kriegsende 1945? Informiert euch in der Ortschronik über diese Zeit. Versucht im Archiv Berichte, Fotos oder Filme zu erhalten. Befragt eure Großeltern oder Urgroßeltern zu ihren Erinnerungen. Besucht das Heimatmuseum.

2. Ende des Zweiten Weltkrieges mussten viele Deutsche ihre Heimat im östlichen Europa verlassen. Zu Fuß und mit wenigen Habseligkeiten kamen die Menschen auch nach Bayern. Hier erwartete sie ebenfalls Elend und Hunger. Viele von ihnen fanden hier in den nachfolgenden Jahren eine neue Heimat. Frage in deiner Familie nach, ob jemand eine ältere Person mit einem solchen Schicksal kennt. Befrage sie, lass dir genauer davon berichten. Halte ein Kurzreferat.

■ Geschichtswerkstatt, Seite 60/61
■ Ein Ereignis in unserer Gegend, in unserem Ort … als Hördokumentation, Seite 70/71
● M 6 Ein Referat vorbereiten, Seite 127
● M 7 Ein Referat halten, Seite 128
● M 8 Rückmeldungen geben und annehmen, Seite 128

... des Zweiten Weltkrieges

So erlebten die Menschen in Bayern das Kriegsende

Während die Soldaten in fremden Ländern kämpften, spürten zunächst die Einwohner der größeren Städte die furchtbaren Auswirkungen des Bombenkrieges. Langsam wurden überall im Land die Nahrungsmittel immer knapper und reichten kaum noch zum Leben. Nachdem die deutschen Soldaten allmählich aus den besetzten Gebieten zurückgedrängt wurden, forderte man nun die Menschen daheim auf, ihre Heimatorte zu verteidigen. Selbst Kinder und alte Männer erhielten Waffen. Sie sollten in Dörfern und Städten den Feind aufhalten.

Im Frühjahr 1945 kämpften sich die Amerikaner nach Bayern vor, um den Krieg zu beenden und das Land von Hitler zu befreien. In vielen Orten wurde erbitterter Widerstand geleistet. Dadurch kamen in den letzten Kriegstagen noch viele Menschen um, ganze Dörfer wurden zerstört. Die Bevölkerung versteckte sich aus Furcht deshalb in Kellern. Mancherorts zeigten mutige Bürger durch weiße Fahnen, dass sich das Dorf oder die Stadt ergeben wollte gegen den Befehl Hitlers. Der Bürgermeister verhandelte dann und übergab den Ort in die Hand der Amerikaner. Für die Menschen war damit zwar der Krieg vorüber, aber die Not und die Sorge um die Zukunft währten noch lange.

Eine Frau erzählt, wie sie als Kind das Ende des Krieges erlebte.

(1) Sucht selbst nach Zeitzeugen und befragt sie.

Geschichtsexperten bei der Arbeit: 

Lebende Zeitzeugen können oft geschichtliche Ereignisse anschaulich schildern. Sie erzählen und berichten immer aus eigener Sicht. Andere Personen können andere Erinnerungen an das gleiche Ereignis haben. Deshalb kann es bei mehreren Befragungen zu unterschiedlichen Ansichten über ein und dieselbe Sache kommen. Es ist daher sinnvoll, sich zusätzlich auch aus Büchern über das Ereignis zu informieren.

Tipps zur Befragung von Zeitzeugen:

1. Informiert euch zunächst über das Thema der Befragung.
2. Stellt vor dem Gespräch eine Auswahl wichtiger Fragen zusammen.
3. Fragt, ob ihr eine Ton- oder Videoaufzeichnung von der Befragung machen dürft.
4. Unterbrecht die Zeitzeugen bei ihren Erzählungen nicht, fragt anschließend nach.
5. Bedankt euch für das Gespräch.

Ein Ereignis in unserer Gegend, in unserem Ort ...

Die Cadolzburg
Vor mehr als 700 Jahren wurde auf einem Felssporn die Cadolzburg erbaut. Der mit Mauern umgebene Ort wurde nach dem Namen der Burg benannt. Die große Cadolzburg war zeitweise Residenz und Verwaltungszentrum der Burggrafen von Nürnberg. Selbst während des Dreißigjährigen Krieges wurde die Cadolzburg nicht zerstört. Aber am Ende des Zweiten Weltkrieges kam es zu einem schrecklichen Ereignis:

Die Cadolzburg vor 1945

Die Ruine Cadolzburg nach dem Brand 1945

Die wiederaufgebaute Cadolzburg heute

Die Cadolzburg brennt.

Es ist Dienstag, der 17. April 1945. Der schreckliche Krieg wird nur noch wenige Tage dauern. Die amerikanischen Truppen rücken mit ihren Soldaten, Panzern und Geschützen Kilometer um Kilometer in Bayern vor und stehen vor dem Ort Cadolzburg.

Sirenen warnen die Bevölkerung.

Die Menschen flüchten in großer Angst in die tiefen Felsenkeller in der Nähe der Burg. Sie hoffen, dass die Übergabe des Ortes friedlich verläuft und es keine Zerstörungen gibt. Aber in der Burg haben sich einige deutsche Soldaten verschanzt, die den Amerikanern mit Waffen Widerstand leisten.

Die Amerikaner schießen mit Panzern und Raketenwerfern zurück.

Der Zeitzeuge Bäcker Grünbaum berichtet:

„Auf einmal gab es einen Aufschrei: „Die Burg brennt!“ Ich hatte nur einen kurzen Augenblick Zeit. Mit Schrecken sah ich, dass dichte, große Rauchwolken und Feuer aufstiegen.“

Eine andere Zeitzeugin, Frau Kröner, erzählt, wie die Menschen den Keller verlassen wollten:

„Da stand der Bürgermeister und rief: „Passt auf, die Burg brennt.“ Wir konnten nicht mehr heimgehen. Das ganze Dach der Burg hat sich gehoben und die Ziegel wurden weggeschleudert.“

Frau Rehm schützte ihr Haus:

„Wir waren die ganze Zeit auf unserem Dachboden, um fliegende Funken zu löschen. Die Burg brannte zwei Tage lang.“

Ein weiterer Beobachter, Herr Auer, schildert:

„Die Burg brannte tagelang, bis kein Holz und keine brennbaren Stoffe mehr vorhanden waren.“

So stand nach dem Zweiten Weltkrieg nur noch die Ruine der einst stolzen Cadolzburg. Seit 1979 wird diese Kriegsruine mit großen Kosten wieder aufgebaut. Aufwändig mussten die Fundamente gesichert werden, bevor man die Mauern und Dächer erneuern konnte. Jetzt wird dort ein modernes Burgerlebnismuseum eingerichtet.

(1) Informiert euch im Internet über die Cadolzburg. Sucht Bilder der zerstörten und wiederaufgebauten Cadolzburg.

… als Hördokumentation

Sprecher 1
Titel

kurze Pause

Sprecher 2
Sachtext

Geräusch
auf- und abschwellender Sirenenton

Sprecher 2
Sachtext

Geräusche im Hintergrund –
Geschützdonner

Sprecher 1
Einleitung Zeitzeugenaussage 1

Einspielung
Zeitzeugenaussage 1

Sprecher 1
Einleitung Zeitzeugenaussage 2

Einspielung
Zeitzeugenaussage 2

Sprecher 1
Einleitung Zeitzeugenaussage 3

Einspielung
Zeitzeugenaussage 3

Sprecher 1
Einleitung Zeitzeugenaussage 4

Einspielung
Zeitzeugenaussage 4

Sprecher 2
Sachtext

kurze Pause

Sprecher 1
Abspann (Wer hat was bei dieser Hördokumentation erstellt?)

Geschichtswerkstatt vor Ort

Geschichtsexperten erstellen eine Hördokumentation

Mit einer Hördokumentation können geschichtliche Ereignisse oft eindrucksvoll dargestellt werden. Das ist gar nicht schwer.

Tipps zur technischen Ausrüstung:
Tonaufnahmen können mit dem Handy oder Smartphone aufgezeichnet werden. Meistens verfügen sie über ein Tonaufnahmegerät, das z. B. Sprachmemo oder Diktiergerät heißt. Die Tonaufnahmen können dann mit einem Datenkabel oder über Bluetooth auf die Festplatte eines Tablets, Notebooks oder Computers überspielt werden. Dort kann man sie mit einfachen Bearbeitungsprogrammen zu einer Hördokumentation zusammenstellen.

Tipps zur Planung einer Hördokumentation:

1. Zunächst müsst ihr euch anhand von Büchern, Bildern oder über das Internet genau über eine geschichtliche Begebenheit informieren. Besonders gut eignen sich Ereignisse, bei denen es noch lebende Zeitzeugen gibt.
2. Plant, was ihr in einer Hördokumentation erzählen wollt. Überlegt, wer welche Aufgaben bei der Erstellung der Hördokumentation übernehmen kann. Stellt fest, welche technischen Geräte ihr benötigt.
3. Erkundigt euch in eurem Ort nach Zeitzeugen. Überlegt euch Fragen, zu denen die Zeitzeugen vielleicht Auskunft geben können. Dann könnt ihr die Zeitzeugen fachkundig befragen.
4. Schreibt einen Ablaufplan und die Sachtexte für die Sprecher der Hördokumentation. Überlegt auch, ob eingespielte Geräusche das Hörbild interessanter machen. Vergleicht dazu mit dem Beispiel auf dieser Doppelseite.
5. Nun können die Texte der Sprecher aufgenommen und die Geräusche im Internet gesucht werden. Zum Schluss müssen die einzelnen Tonaufnahmen in der richtigen Reihenfolge zusammengesetzt werden.

Jahrtausend-Leporello

Zeit kann man nicht sehen, hören oder fühlen. Die ersten Menschen erlebten Zeit als Wechsel von Tag und Nacht und durch die Jahreszeiten. Man braucht Hilfsmittel wie Uhr und Kalender, um die Zeit zu messen und zu zeigen. Eine Möglichkeit für die Darstellung von gemessener Zeit ist die Zeitleiste. Auf diesem langen Zeitband können Zeiträume aufgezeichnet werden.

Diese Zeitleiste hat als kleinste Einheit ein Jahr. Zehn Jahre sind ein Jahrzehnt, hundert Jahre bilden ein Jahrhundert. Tausend Jahre nennt man ein Jahrtausend. Jede Einzelseite des Leporellos zeigt mit dem aufgezeichneten Zeitband ein Jahrhundert.

Es gibt zwei Möglichkeiten. Wir stellen die allgemein übliche Methode vor. Danach beginnt das 1. Jahrhundert im Jahr 0 und endet im Jahr 99. Am 1. Tag des Jahres 100 lässt man das 2. Jahrhundert beginnen. Es endet mit dem letzten Tag des Jahres 199. Am ersten Tag des Jahres 200 beginnt das 3. Jahrhundert. Es endet mit dem letzten Tag des Jahres 299.

Von Anfang 800 bis 899 ist das 9. Jahrhundert. Das 10. Jahrhundert beginnt im Jahr 900 und dauert bis zum Ende des Jahres 999.

Im Jahre 1000 ist seit Christi Geburt ein Jahrtausend vergangen.

Man zählt jetzt weiter: 1000 bis 1099 als 11. Jahrhundert (abgekürzt geschrieben: 11. Jh.). Die Zeit von 1100 bis 1199 bezeichnet man als das 12. Jahrhundert (12. Jh.).

Von Anfang 1000 bis Ende 1999 dauerte das zweite Jahrtausend.

Wir sind jetzt im dritten Jahrtausend.

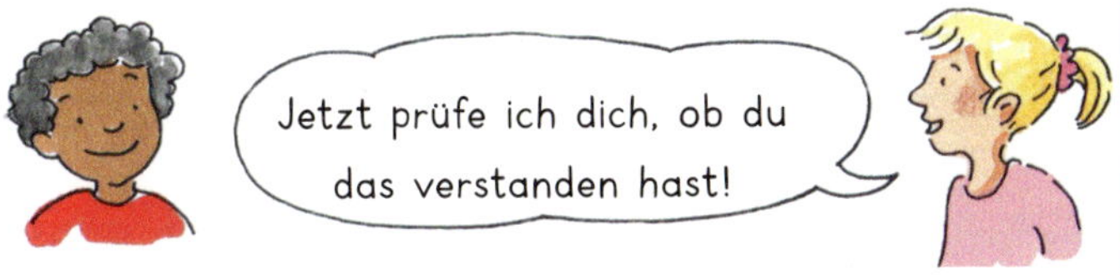

1. Zeige auf dem Leporello das 15. Jahrhundert. Wann beginnt und wann endet das 15. Jh.?

2. Welche Ereignisse sind im Leporello für das 17. Jahrhundert eingetragen? Lies aus der Zeitleiste die Zeitpunkte oder die Zeitdauer ab.

3. Im Jahr 1969 betrat der erste Mensch den Mond. Zeige diesen Zeitpunkt auf dem Leporello.

4. In welchem Jahrhundert leben wir jetzt?

5. In welchem Jahrhundert bist du geboren?

Ein Jahrtausend-Leporello bauen

Ihr braucht: zwölf Papierbögen (kariertes Papier) mit einer Einteilung für 100 Jahre, Kleber, Pappdeckel, Einklebetexte und Einklebebilder.

1. Klebt die einzelnen Jahrhundertblätter zu einem langen Streifen zusammen. Dabei könnt ihr einen Zentimeter am rechten Rand als Klebefläche verwenden.

2. Faltet den Streifen zickzackförmig und klebt das erste Jahrhundertblatt auf dem Pappdeckel fest.

3. Sammelt Daten und Abbildungen aus der Vergangenheit. Schreibt, malt und klebt Material auf jeweils einen Zettel.

4. Klebt den Zettel in die Nähe der Jahreszahl über oder unter die Zeitleiste. Verbindet die Jahreszahl und den Zettel mit einem Strich.

Wie Berge auf Landkarten dargestellt werden

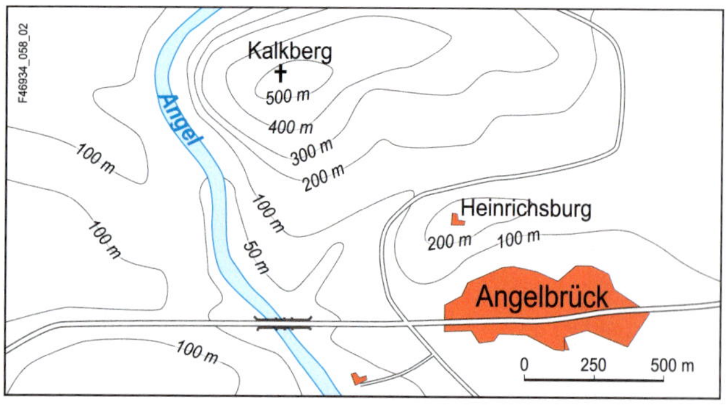

In der Natur können wir gut die Erhebungen, Hügel und Berge erkennen. Auf Karten müssen Erhebungen anders dargestellt werden. Eine Form sind Höhenlinien. Dabei werden Messpunkte, die alle auf der gleichen Höhe liegen, verbunden. Der Abstand zwischen Höhenlinien kann unterschiedlich sein: An dem steilen Abhang eines Berges sind sie in sehr engen Abständen eingezeichnet. Liegen sie weit auseinander, ist das Gelände flacher. An den Höhenlinien steht eine Meterangabe. Die Fläche zwischen zwei Höhenlinien nennt man Höhenschicht.

Auf vielen Karten sind nicht Höhenlinien, sondern nur die Höhenschichten farbig eingezeichnet. In der Legende kann man ablesen, welche Farbe welche Höhenschicht anzeigt.

Wir zeichnen die Höhenlinien eines Kartoffelberges

1. Eine einfache Höhenlinienkarte kannst du selbst zeichnen. Du brauchst: eine Kartoffel, einen Nagel, Farben, Zeichenpapier, Stifte, eine Styroporplatte und ein Messer.

2. Schneide die Kartoffel so durch, dass ein „Berg" mit einer unregelmäßigen Form entsteht. Schneide den Kartoffelberg in gleichmäßig dicke Scheiben.

3. Lege auf die Styroporplatte das Zeichenpapier und darauf alle Scheiben des Kartoffelberges. Durch alle Schichten wird der Nagel gedrückt. Zeichne den Umriss der untersten Kartoffelscheibe.

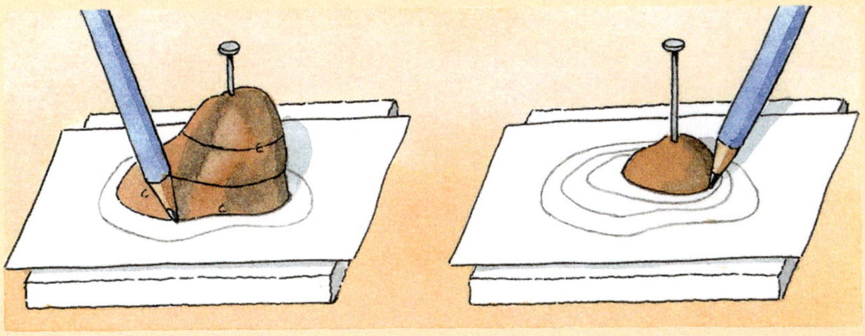

4 Nimm die unterste Scheibe weg und zeichne den Umriss der jetzt aufliegenden Scheibe. Der Nagel verhindert ein Verrutschen. Wiederhole dies mit allen Scheiben des Berges.

5 Nimm auch die Bergspitze vom Papier. Nun ist deine Höhenlinienkarte fertig. Setze die Scheiben des Kartoffelberges wieder zusammen. Vergleiche seine Form mit deiner Höhenlinienkarte.

6 Male die äußere Schale der Kartoffelscheiben mit verschiedenen Tuschfarben an. Male die Flächen zwischen den Höhenlinien auf deiner Karte in den entsprechenden Farben an. Nun hast du eine Höhenschichtenkarte.

Wir lesen eine Karte mit Höhenlinien

1 Betrachte die Wanderkarte und nenne die Geländehöhen, die durch die Höhenlinien dargestellt werden.

2 Wie hoch ist der höchste Berg im abgebildeten Wandergebiet?

Wir lesen eine Karte mit Höhenschichten

1 Beantworte die Fragen mithilfe der Karte auf Seite 80.

2 In welchen Landschaften von Bayern liegen die höchsten Berge?

3 In welchen Landschaften sind die niedrigsten Höhenschichten zu finden?

4 Auf welchen Höhenstufen liegen die Städte Bamberg, Augsburg und Murnau?

5 Du fliegst von Kulmbach über Ingolstadt nach Mittenwald. Finde die Flugstrecke auf der Karte. Lege ein Lineal auf die Flugstrecke auf der Karte. Beschreibe die Veränderungen der Höhenschichten im Verlauf des Fluges.

6 Denke dir selbst ähnliche Aufgaben aus.

Maßstab

Auf dem Foto sind das Schlüsselloch und das Schloss so groß abgebildet, wie sie in Wirklichkeit sind.
Das heißt: 1 cm auf diesem Foto entspricht 1 cm in der Wirklichkeit. Wir sagen dann: Das Schlüsselloch oder das Schloss ist im Maßstab eins zu eins (1:1) abgebildet.

(1) Welche Höhe hat das Schlüsselloch? Welche Breite hat das Schloss?

Um mehr als nur das Schloss auf dem Foto zu zeigen, muss die Kommode verkleinert abgebildet werden. Sie ist jetzt zehnmal kleiner dargestellt als auf dem Foto oben.
1 cm auf dieser Abbildung entspricht 10 cm in der Wirklichkeit. Der Maßstab der Abbildung der Kommode ist 1:10.

(2) Wie groß ist das Schloss auf dem Foto, wie groß in Wirklichkeit?

Möchte man die gesamte Kommode abbilden, muss man sie noch mehr verkleinert darstellen. Im Vergleich zur Wirklichkeit ist sie hier fünfzigmal verkleinert abgebildet. Der Maßstab der Abbildung ist 1:50. Das heißt: 1 cm auf dem Foto entspricht 50 cm in der Wirklichkeit.

(3) Miss Breite und Höhe der Kommode.

(4) Wie groß ist sie in Wirklichkeit?

(5) Miss die Länge der abgebildeten Objekte. Berechne mithilfe des Maßstabes ihre Länge in der Wirklichkeit.

1 : 100

1 : 200

1 : 2

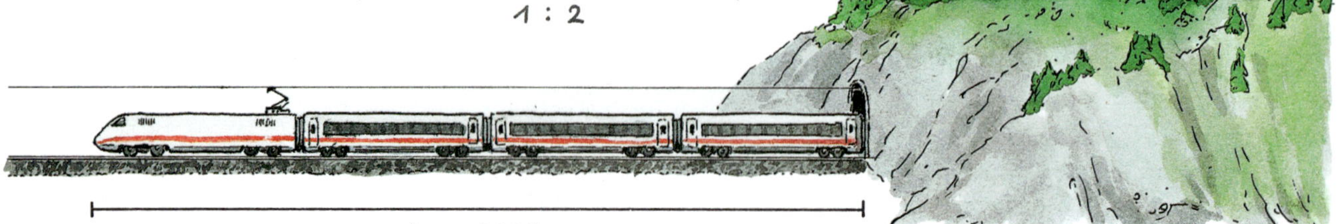

1 : 1000

Entfernungen mithilfe des Maßstabs berechnen

Auch auf der Landkarte wird alles sehr verkleinert dargestellt.
So ist es möglich, ein Land, eine Stadt oder eine Landschaft aus der Sicht von oben darzustellen. Hier sind drei Karten einer Stadt in verschiedenen Verkleinerungen abgebildet.
Die Karten haben die Maßstäbe 1:5000, 1:10000 und 1:20000. Eine Karte zeigt viele Einzelheiten, eine andere einen besseren Überblick über die Umgebung.

Die erste Karte hat den Maßstab 1:5000, das heißt: 1 cm auf dieser Karte entspricht 5000 cm (50 m) in der Natur.

1 Finde heraus, wie lang der Weg von der Post bis zum Schloss ist.

So gehst du vor:

a) Miss die Strecke von der Post bis zum Schloss mit dem Lineal.

b) Multipliziere das Ergebnis mit dem vorgegebenen Maßstab. So erhältst du die Länge der Strecke in Zentimetern.

c) Um die Länge der Strecke in Metern zu benennen, nimmst du nun folgende Rechnung vor:
Länge der Strecke in Zentimeter : 100 = Länge der Strecke in Metern.

2 Miss die vorgegebene Strecke auf der Karte in der Mitte. Beachte nun den Maßstab 1:10000 und verfahre so wie bei der ersten Aufgabe.

3 Hier siehst du die Karte im Maßstab 1:20000. Die Stadt ist nun sehr verkleinert dargestellt. Miss auch hier den in der Karte vorgegebenen Streckenabschnitt von der Post bis zum Schloss und berechne die Länge des Weges.

4 Vergleiche nun alle drei Ergebnisse miteinander. Was fällt dir auf?

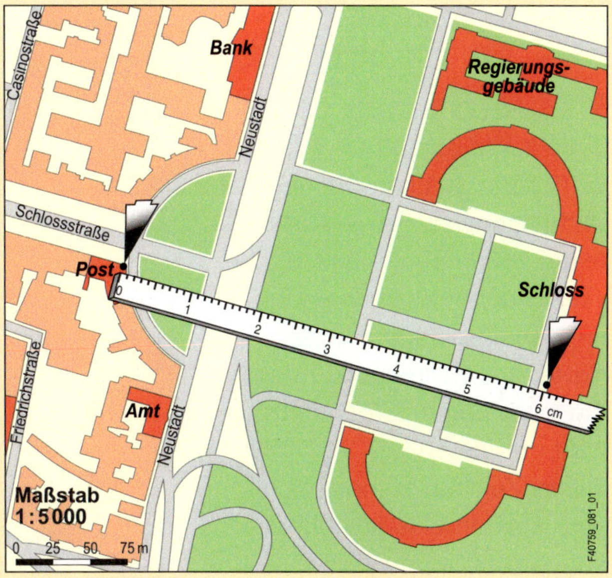

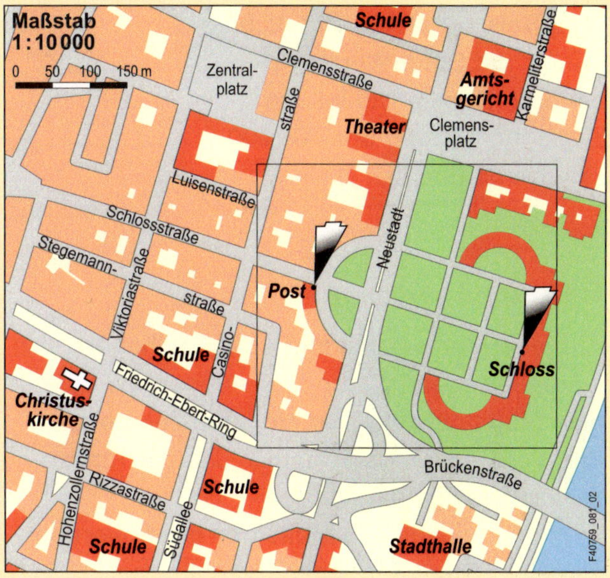

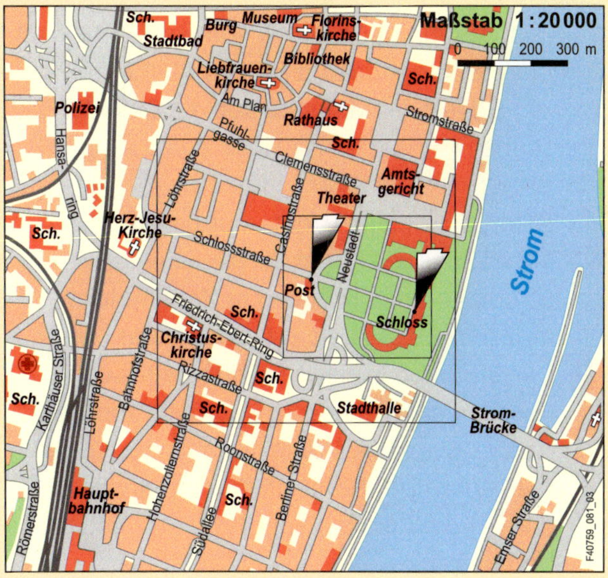

Karten lesen und verstehen

Die Zeichenerklärung – unverzichtbar beim Kartenlesen

Jede Karte enthält viele verschiedene Zeichen (Symbole) und Farben. Um eine Karte lesen zu können, müssen alle verwendeten Zeichen erklärt werden. Deswegen hat jede Karte eine Zeichenerklärung, die auch Legende genannt wird.
Jedes Zeichen steht nicht für eine einzelne Gegebenheit, sondern für eine Gruppe davon.
Zum Beispiel steht „ ■ “ nicht nur für die Stadt Würzburg, sondern für alle Städte, die zwischen 100 000 und 500 000 Einwohner haben.

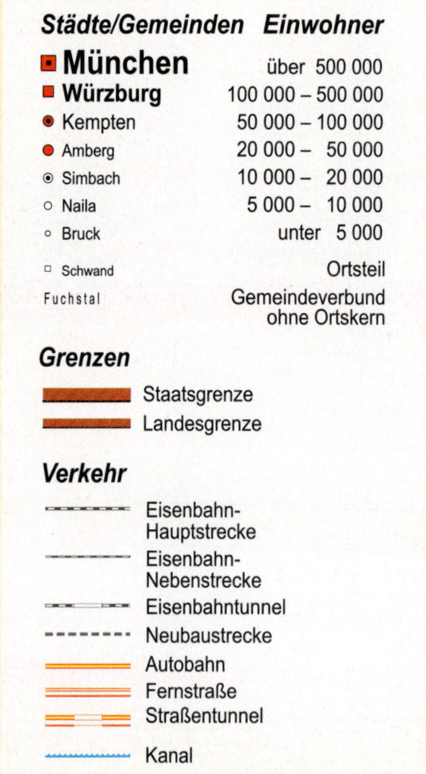

Wenn man in einer Karte etwas nachschauen oder überprüfen will, muss immer in der Zeichenerklärung nachgesehen werden, was das jeweilige Zeichen bedeutet.

1. Schlagt die Karten auf den Seiten 84 bis 89 auf und schaut nach, wie viele Orte es mit über 100 000 Einwohnern in Bayern gibt.
2. Findet auf den Karten Coburg, Landshut oder euren Heimatort. Stellt fest, ob diese Orte an einer Eisenbahnstrecke liegen.
3. Welche Verkehrswege verbinden Passau und Regensburg miteinander?.

Entfernungen bestimmen

Auf jeder Karte findet ihr in der Zeichenerklärung (Legende) eine Maßstabangabe oder eine Maßstableiste. Der Maßstab zeigt euch das Verkleinerungsverhältnis, das der Kartenzeichner festgelegt hat.
Ihr könnt mithilfe des Maßstabs die Entfernung von einer Stadt zur anderen recht genau berechnen, wenn ihr ein Lineal benutzt. Probiert es aus mit der Strecke von Straubing nach Plattling. Schlagt dazu die Seite 88/89 auf. Hier ist Bayern im Maßstab von 1 : 625000 abgebildet.

1. Sucht die beiden Städte auf den Karten.
2. Mit dem Lineal könnt ihr die Strecke von Straubing nach Plattling in Zentimetern messen. Es sind etwa 4 Zentimeter.
3. Der Maßstab in der Legende sagt euch, dass 1 Zentimeter 6,25 Kilometern in der Natur entspricht. Wenn 1 cm in der Karte 6,25 km in der Natur entspricht, dann beträgt die Luftlinie von Straubing nach Plattling 4 x 6,25 km = 25 Kilometer.

Auf manchen Karten ist in der Legende nur eine Maßstableiste angegeben. Wenn ihr ein Lineal unter die Leiste legt, könnt ihr ablesen, wie viele Millimeter oder Zentimeter einem Kilometer entsprechen.

4. Messt Strecken auf verschiedenen Karten. Berechnet mithilfe der Maßstäbe und Maßstableisten die Länge in Kilometern.

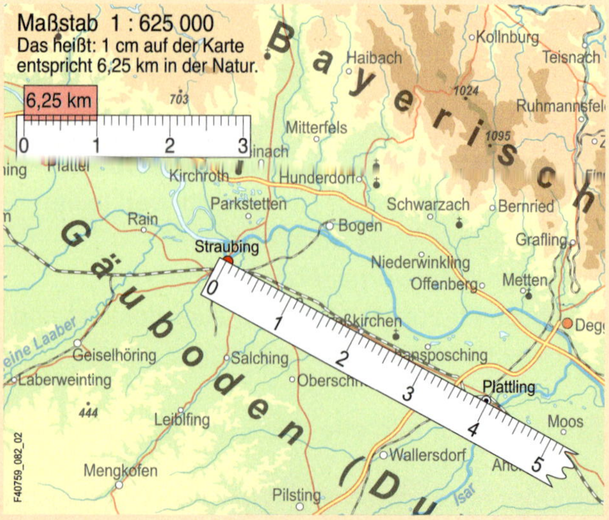

■ Maßstab, Seite 80/81

Arbeiten mit dem Ortsregister

Anna und Tim möchten in einer Karte nachsehen, wo Hof liegt. So gehen sie vor:

1. Das Ortsregister auf den Seiten 82/83 aufschlagen.
2. Erst nach dem Buchstaben H und dann nach dem Namen Hof suchen.
3. Hinter dem Namen Hof steht die Angabe F2. Das bedeutet: Hof liegt im Planquadrat F2.

Hösbach A2
Hof F2
Hofheim D2
Hohenbrunn F6
Hollfeld E3

4. Anna und Tim schlagen die Seite 85 auf. Am oberen Rand und am unteren Rand der Landkarte sind Buchstaben von E bis H von links nach rechts in gelben Kreisen angegeben. Am linken und rechten Rand sind die Zahlen 1 und 4 eingetragen. Die Karte hat ein Gitternetz aus senkrechten und waagerechten Linien. Die Buchstaben bezeichnen die senkrechten Streifen, die Zahlen die waagerechten Streifen.

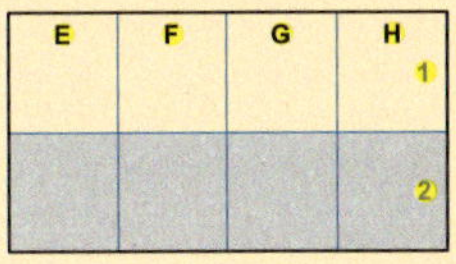

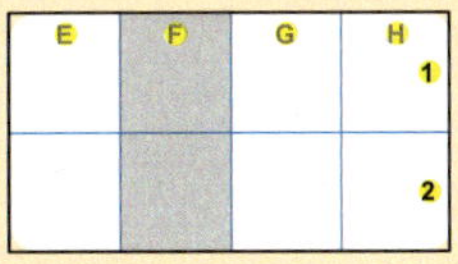

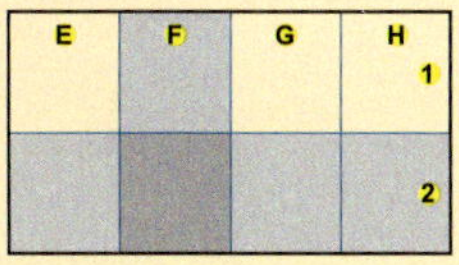

5. Jetzt suchen die Kinder das Planquadrat F2. Es liegt dort, wo sich der senkrechte Streifen F und der waagerechte Streifen 2 überlagern. In diesem Planquadrat ist die Stadt Hof eingezeichnet.
6. Jetzt können die Kinder Hof und seine Lage in Bayern sehen: Hof liegt im Nordosten Bayerns.

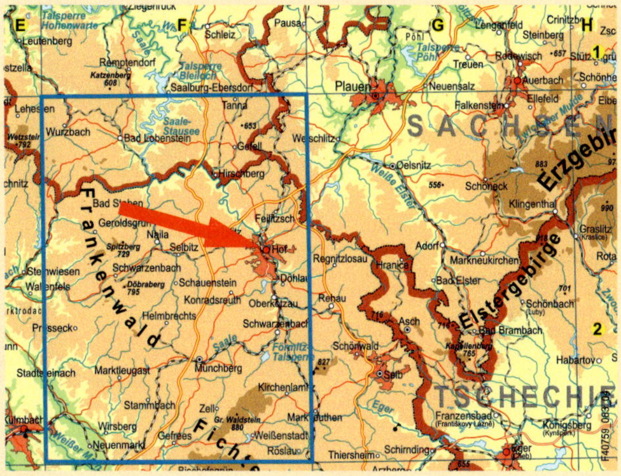

7. Übt das Finden von Städten, Flüssen und Landschaften auf Landkarten. Stellt euch gegenseitig Aufgaben, zum Beispiel: „Wo liegt Kempten?“

Karten erkunden

1. Nehmt eine Klarsichtfolie und zeichnet darauf einen Rahmen, etwa 6 cm lang und 9 cm hoch.
2. Legt diese Folie auf ein Planquadrat auf einer der Karten auf den Seiten 84 bis 89.
3. Beschreibt einem Tischnachbarn, welche Orte, Flüsse usw. in dem ausgesuchten Planquadrat liegen. Dein Nachbar soll das Planquadrat auf der Karte finden und benennen.

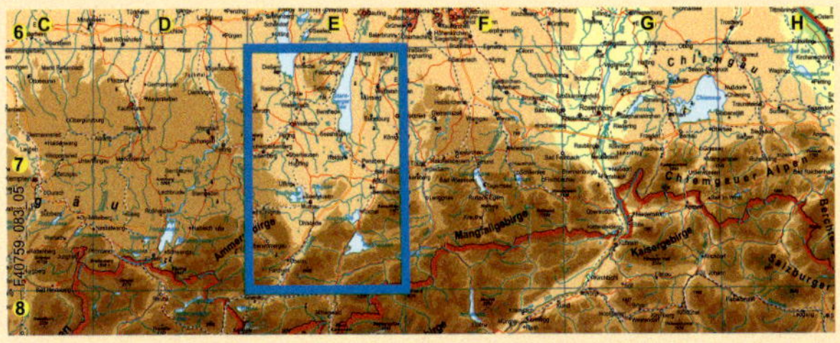

Karten einnorden

A Einnorden nach Geländemerkmalen

1. Wählt Merkmale im Gelände aus und findet sie auf der Karte. Richtet die Karte so aus, dass die Lage der Karte mit der des Geländes übereinstimmt.

B Einnorden mit dem Kompass

2. Legt den Kompass (Norden zeigt zum oberen Rand) auf eine Karte und richtet ihn nach dem Gitternetz aus.
3. Dreht Karte und Kompass so, dass das farbige Ende der Nadel auf Norden zeigt.

Rhön
Fladungen
Streu
Mellrichstadt
Ludwigsstadt
Kreuzberg 928
Bad Neustadt
Bad Brückenau
Fränkische Saale
Bad Königshofen
Bad Rodach
Neustadt
Frankenwald
Naila
Saale
Hof
Rehau
Döbraberg 795
Coburg
Rodach
Dreistelz-berg 660
Münnerstadt
Kronach
Bad Kissingen
Sinn
Haßberge
Itz
Main
Münchberg
Selb
Lichtenfels
Kulmbach
Hammelburg
Alzenau
Mömbris
Bramberg 495
Ebern
Bad Staffelstein
Eger
Schneeberg 1053
Wunsiedel
Fichtelgebirge
Gemünden
Schweinfurt
Weißer Main
Marktredwitz
Hösbach
Aschaffenburg
Lohr
Werneck
Haßfurt
Lußberg 464
Roter Main
Wern
Großostheim
Geiersberg 586
Karlstadt
Euerberg 492
Bayreuth
Spessart
Volkach
Wiesent
Fränkische Alb
Obernburg
Marktheidenfeld
Volkach
Rauhe Ebrach
Bamberg
Fichtelnaab
Waldnaab
Plößberg 820
Tirschenreuth
Main
Steigerwald
Hirschaid
Würzburg
Reiche Ebrach
Pommersfelden
Ebermannstadt
Pegnitz
Heidenaab
Entenbühl 900
Oberpfälzer Wald
Miltenberg
Kitzingen
Forchheim
Amorbach
Iphofen
Höchstadt
Weiden
Waidhaus
Ochsenfurt
Scheinfeld
Aisch
Vohenstrauß
Erlangen
Pfreimd
Uffenheim
Neustadt
Herzogenaurach
Zenn
Fürth
Lauf
Hersbruck
Sulzbach-Rosenberg
Bad Windsheim
Oberviechtach
Cadolzburg
Nürnberg
Moritzberg 600
Amberg
Nabburg
Signalberg 890
Grenze von Bayern
Zirndorf
Stein
Feucht
Altdorf
Schwarzach
Rothenburg ob der Tauber
Kastl
Höhenstufen
über 2500 m
2000 – 2500 m
1500 – 2000 m
1000 – 1500 m
700 – 1000 m
500 – 700 m
400 – 500 m
300 – 400 m
200 – 300 m
unter 200 m
Schwabach
Vils
Schwandorf
Neunburg vorm Wald
Ansbach
Fränkische Rezat
Bromberg 589
Frankenhöhe
Hornberg 554
Rednitz
Neumarkt
Maxhütte-Haidhof
Roth
Main-Donau-Kanal
Burglengenfeld
Regen
Feuchtwangen
Brombachsee
Hilpoltstein
Parsberg
Schwäbische Rezat
Schwarze Laaber
Naab
Regenstauf
Wörnitz
Gunzenhausen
Lappersdorf
Dinkelsbühl
Greding
Beilngries
Weißenburg
Regensburg
Berg (Höhe in Metern)
2718
Hohlbügel 586
Neutraubling
Fluss, Kanal
Treuchtlingen
Riedenburg
Kelheim
Bad Abbach
Straubing
Ries
Wemding
Altmühl
Eichelberg 519
Fränkische Alb
Eichstätt
Gäuboden
Landeshauptstadt
Großstadt
Stadt oder Gemeinde mit weniger als 100 000 Einwohnern
Nördlingen
Gaimersheim
Neustadt
Abensberg
Große Laaber
Fuchsberg 436
Donau
Hainberg 552
Neuburg
Ingolstadt
Kleine Laaber
Donauwörth
Donaumoos
Abens
Manching
Geisenfeld
Dillingen
Donauried
Lech
Wolnzach
Mainburg
Essenbach
Isar
Dingolfing
Lauingen
Zusam
Schrobenhausen
Hallertau
Ergolding
Meitingen
Ilm
Landshut
Paar
Pfaffenhofen
Donau
Hessenberg 505
Schmutter
Aichach
Moosburg
Kleine Vils
Vilsbiburg
Günzburg
Gersthofen
Neu-Ulm
Neusäß
Augsburg
Altomünster
Amper
Freising
Große Vils
Günz
Mindel
Stadtbergen
Friedberg
Glonn
Hallbergmoos
Senden
Weißenhorn
Kissing
Neufahrn
Erding
Dorfen
Vöhringen
Königsbrunn
Bobingen
Mering
Dachau
Garching
Isen
Mühldorf
Illertissen
Krumbach
Stellenberg 614
Lechfeld
Maisach
Speichersee
Taxberg 554
Olching
Kirchheim
Markt Schwaben
Waldkraiburg
Fürstenfeldbruck
Schwabmünchen
Puchheim
Poing
München
Roth
Gilching
Gräfelfing
Vaterstetten
Wertach
Kaufering
Gauting
Ottobrunn
Ebersberg
Wasserburg
Mindelheim
Buchloe
Landsberg
Starnberg
Würm
Grafing
Trostberg
Oberhaching
Höhenkirchen-Siegertsbrunn
Memmingen
Bad Wörishofen
Herrsching
Traun
Ammersee
Dießen
Inn
Seeon-Seebruck
Ottobeuren
Iller
Tutzing
Wolfratshausen
Bruckmühl
Chiemsee
Starnberger See
Isar
Rosenheim
Prien
Kaufbeuren
Holzkirchen
Bad Aibling
Geretsried
Bernau
Schongau
Peißenberg 988
Weilheim
Raubling
Aschau
Marktoberdorf
Auerberg 1055
Peiting
Loisach
Bad Tölz
Mangfall
Miesbach
Kampenwand 1664
Peißenberg
Penzberg
Schliersee
Chiemgauer Alpen
Schwarzer Grat 1118
Kempten
Ammer
Tegernsee
Wendelstein 1838
Murnau
Staffelsee
Benediktenwand 1801
Rottach-Egern
Reit im Winkl
Allgäu
Lech
Lenggries
Forggensee
Kochelsee
Mangfallgebirge
Lindenberg
Walchensee
Ammergebirge
Kiefersfelden
Bodensee
Immenstadt
Füssen
Breitenberg 1838
Oberammergau
Sylvensteinsee
Lindau
Oberstaufen
Säuling 2047
Garmisch-Partenkirchen
Karwendelgebirge
Hochgrat 1832
Sonthofen
Nebelhorn 2224
Eibsee
Zugspitze 2962
Mittenwald
Maßstab 1 : 1 300 000
Das heißt: 1 cm auf der Karte entspricht 13 km in der Natur.
13 km
0 1 2 3
Wettersteingebirge
Oberstdorf
Allgäuer Alpen
Mädelegabel 2645
F40759_084_01

Bayern im Überblick

Der **Freistaat Bayern** ist eines von 16 Bundesländern der **Bundesrepublik Deutschland**. Den Titel „Freistaat“ erhielt es bereits im Jahre 1918, da es seit dieser Zeit nicht mehr von einem König regiert wurde, also „frei“ war. Der Freistaat Bayern ist bezogen auf die Fläche das größte deutsche Bundesland und liegt im Südosten Deutschlands. Das **Bayerische Staatswappen** symbolisiert die sieben bayerischen Regierungsbezirke.

Der „goldene Löwe“ steht für die Oberpfalz, der „rot-weiße Fränkische Rechen“ für Ober-, Mittel- und Unterfranken, der „blaue Panther“ für Niederbayern und Oberbayern und die „drei schwarzen Löwen“ für Schwaben.
Die weiß-blaue Farbe erinnert an die Grafen von Bogen, die vor über 800 Jahren ein bedeutsames Adelsgeschlecht waren.

Fläche:	70 550 km^2
Einwohner:	12 600 000
Hauptstadt:	München
Höchster Berg:	Zugspitze 2962 m
Größere Flüsse:	Donau, Main, Isar, Lech, Inn
Große Seen:	Bodensee (536 km^2), Chiemsee (80 km^2), Starnberger See (56,36 km^2), Ammersee (46,6 km^2) ,
Große Städte: (Stand: 30.9.2014)	München 1 424 600 Einwohner Nürnberg 500 100 Einwohner Augsburg 279 600 Einwohner

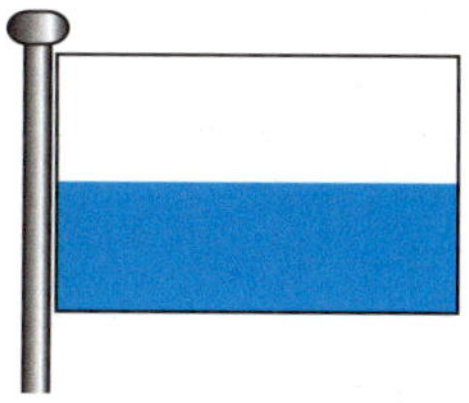

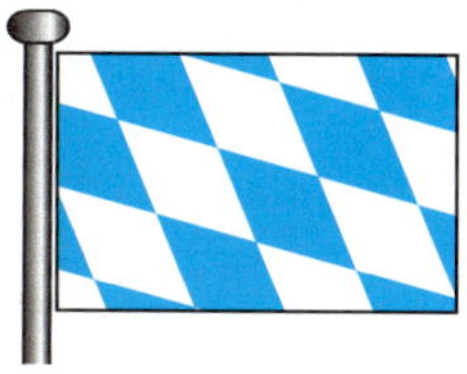

1. Nenne die Namen der Berglandschaften. Beschreibe ihre Lage in Bayern mithilfe der Himmelsrichtungen.

2. Notiere die Namen der höchsten Berge Bayerns, ihre Höhe in Metern und den Namen des Berglandes, in dem sie liegen.

3. Nenne die Namen von tiefer gelegenen bayerischen Landschaften.

4. Verfolge den Flusslauf der Donau von Westen nach Osten. a) Notiere Städte, die entlang der Donau liegen. b) Notiere die Namen der großen Flüsse, die in die Donau münden. Bearbeite dann die gleiche Aufgabe auch für den Main.

5. Bestimme die Lage deines Wohnorts auf der Karte und ermittle, in welcher Höhe er liegt.

■ Physische Karte Bayern Nord, Seite 84/85
■ Physische Karte Bayern Mitte, Seite 86/87
■ Physische Karte Bayern Süd, Seite 88/89
■ Erholung und Freizeit in Bayern, Seite 90/91

Ortsregister

Bayerische Orte über 5000 Einwohner

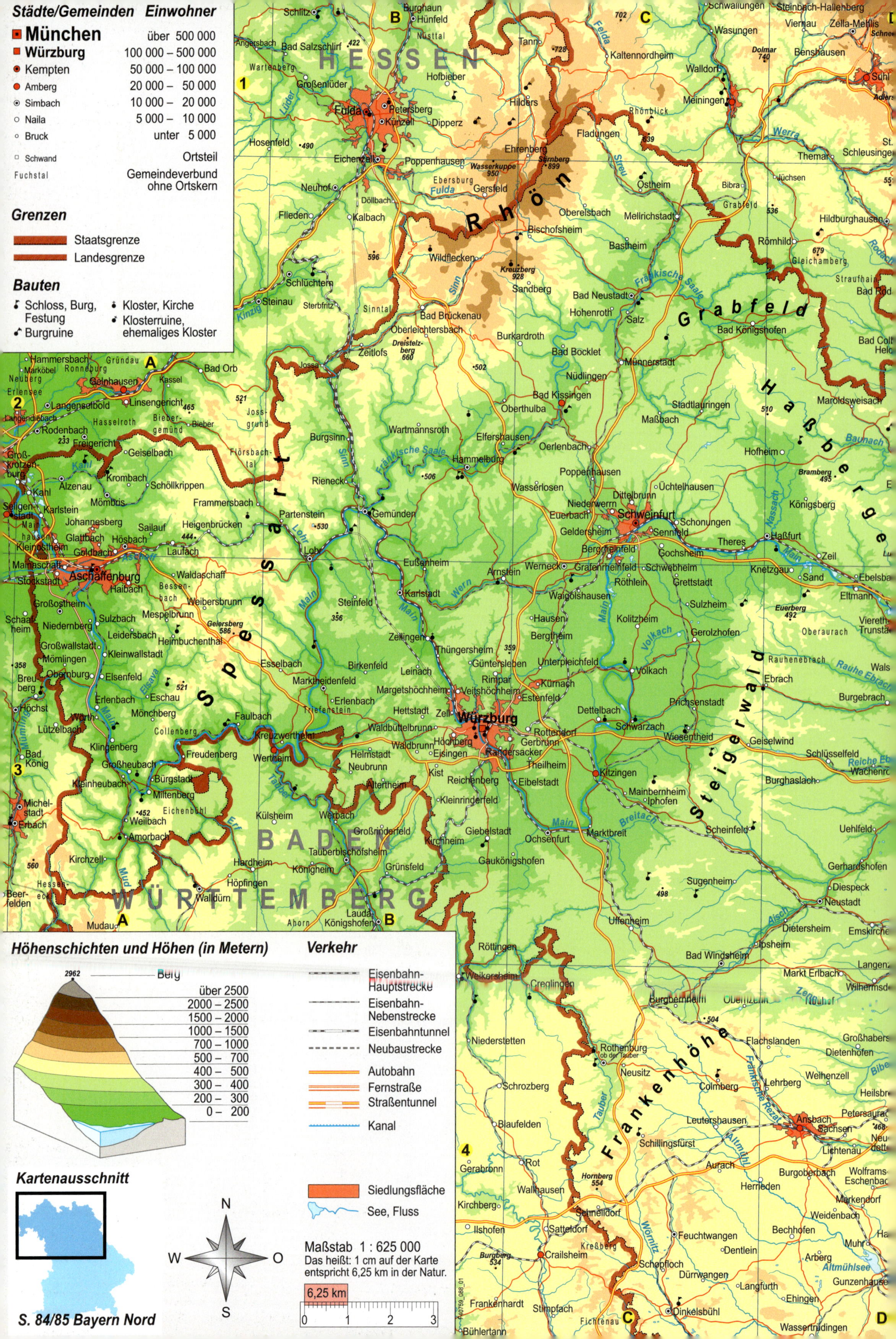

Städte/Gemeinden Einwohner
München über 500 000
Würzburg 100 000 – 500 000
Kempten 50 000 – 100 000
Amberg 20 000 – 50 000
Simbach 10 000 – 20 000
Naila 5 000 – 10 000
Bruck unter 5 000
Schwand Ortsteil
Fuchstal Gemeindeverbund ohne Ortskern
Grenzen
Staatsgrenze
Landesgrenze
Bauten
Schloss, Burg, Festung
Burgruine
Kloster, Kirche
Klosterruine, ehemaliges Kloster
Höhenschichten und Höhen (in Metern)
2962 Berg
über 2500
2000 – 2500
1500 – 2000
1000 – 1500
700 – 1000
500 – 700
400 – 500
300 – 400
200 – 300
0 – 200
Verkehr
Eisenbahn-Hauptstrecke
Eisenbahn-Nebenstrecke
Eisenbahntunnel
Neubaustrecke
Autobahn
Fernstraße
Straßentunnel
Kanal
Siedlungsfläche
See, Fluss
Kartenausschnitt
N
W
O
S
Maßstab 1 : 625 000
Das heißt: 1 cm auf der Karte entspricht 6,25 km in der Natur.
6,25 km
0 1 2 3
S. 84/85 Bayern Nord
HESSEN
BADEN
WÜRTTEMBERG
Rhön
Spessart
Grabfeld
Haßberge
Steigerwald
Frankenhöhe
Fulda
Würzburg
Schweinfurt
Aschaffenburg
Bad Kissingen
Kitzingen
Ansbach
Rothenburg
Dinkelsbühl
Crailsheim
Meiningen
Suhl
Wasserkuppe 950
Kreuzberg 928
Main
Fränkische Saale
Tauber
Sinn
Werra

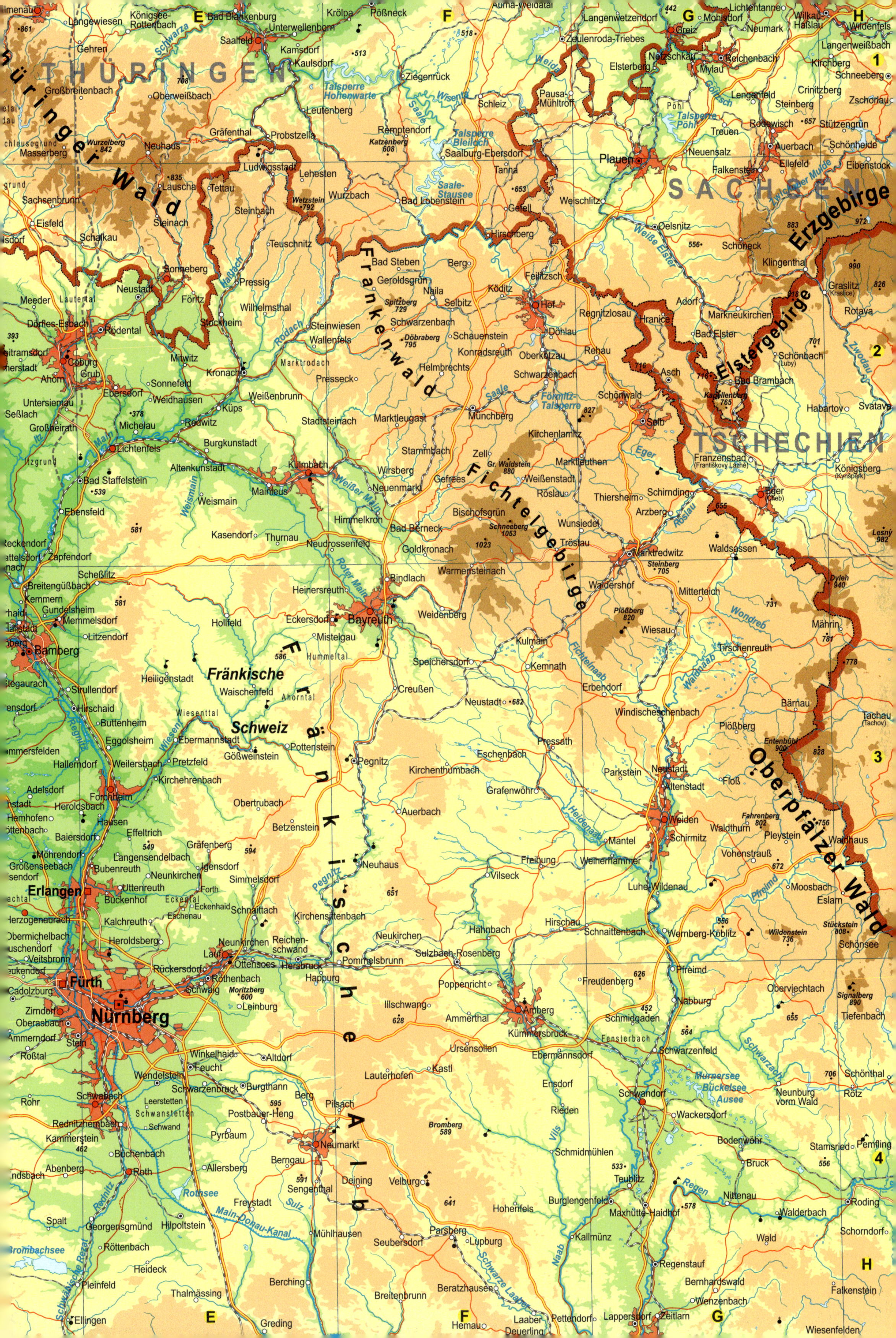
E
F
G
H
1
2
3
4
THÜRINGEN
Thüringer Wald
Frankenwald
Fichtelgebirge
Fränkische Schweiz
Fränkische Alb
Erzgebirge
Elstergebirge
Oberpfälzer Wald
SACHSEN
TSCHECHIEN
Ilmenau
861
Langewiesen
Königsee-Rottenbach
Bad Blankenburg
Krölpa
Pößneck
Auma-Weidatal
Langenwetzendorf
442
Mohlsdorf
Lichtentanne
Wilkau-Haßlau
Wildenfels
Gehren
Saalfeld
Unterwellenborn
518
Zeulenroda-Triebes
Greiz
Neumark
Langenweißbach
708
Kamsdorf
Kaulsdorf
513
Netzschkau
Reichenbach
Mylau
Kirchberg
Schneeberg
Großbreitenbach
Oberweißbach
Talsperre Hohenwarte
Ziegenrück
Elsterberg
Pausa-Mühltroff
Lengenfeld
Crinitzberg
Zschorlau
Leutenberg
Schleiz
Pöhl
Talsperre Pöhl
Steinberg
Masserberg
Wurzelberg
842
Neuhaus
Gräfenthal
Probstzella
Remptendorf
Katzenberg
608
Talsperre Bleiloch
Saalburg-Ebersdorf
Treuen
Rodewisch
657
Stützengrün
Schönheide
Auerbach
Eibenstock
Plauen
Neuensalz
Ellefeld
Lauscha
835
Ludwigsstadt
Lehesten
Tettau
Tanna
Falkenstein
Sachsenbrunn
Wetzstein
792
Wurzbach
Saale-Stausee
653
Bad Lobenstein
Eisfeld
Steinbach
Gefell
Weischlitz
883
972
Schalkau
Hirschberg
Oelsnitz
Teuschnitz
556
Schöneck
Bad Steben
Klingenthal
990
Neustadt
Sonneberg
Pressig
Geroldsgrün
Berg
Graslitz (Kraslice)
826
Meeder
Föritz
Spitzberg
729
Naila
Köditz
Feilitzsch
Hof
Adorf
Rotava
Dörfles-Esbach
Rödental
Wilhelmsthal
Selbitz
Regnitzlosau
Hranice
Markneukirchen
Stockheim
Steinwiesen
Schwarzenbach
Döhlau
Bad Elster
393
Coburg
Wallenfels
Döbraberg
795
Schauenstein
Konradsreuth
Oberkotzau
701
Schönbach (Luby)
Zwodau
Mitwitz
Grub
Marktrodach
Rehau
Ahorn
Kronach
Helmbrechts
Asch
Bad Brambach
Sonnefeld
Presseck
Schwarzenbach
714
Kapellenberg
765
Ebersdorf
Weißenbrunn
Förmitz-Talsperre
Schönwald
Untersiemau
Weidhausen
Saale
827
Habartov
Svatava
Seßlach
Kups
Stadtsteinach
Marktleugast
Münchberg
Selb
378
Redwitz
Großheirath
Michelau
Kirchenlamitz
Franzensbad (Františkovy Lázně)
Lichtenfels
Burgkunstadt
Stammbach
Zell
Gr. Waldstein
880
Eger
Königsberg (Kynšperk)
Altenkunstadt
Kulmbach
Wirsberg
Marktleuthen
Bad Staffelstein
Neuenmarkt
Gefrees
Weißenstadt
Schirnding
Eger (Cheb)
539
Mainleus
Röslau
Thiersheim
Weißmain
Weißer Main
Bischofsgrün
Arzberg
Ebensfeld
Himmelkron
Schneeberg
1053
655
Lesný
982
581
Kasendorf
Thurnau
Bad Berneck
Wunsiedel
Tröstau
Neudrossenfeld
Goldkronach
1023
Reckendorf
Zapfendorf
Waldsassen
Marktredwitz
Steinberg
705
Scheßlitz
Warmensteinach
Roter Main
Bindlach
Breitengüßbach
Heinersreuth
Dyleň
940
Kemmern
Waldershof
Mitterteich
581
Gundelsheim
Memmelsdorf
Weidenberg
Platte
Pfaffenberg
820
731
Hallstadt
Hollfeld
Eckersdorf
Bayreuth
Wondreb
Mähring
Litzendorf
Mistelgau
Wiesau
781
Bamberg
586
Hummeltal
Kulmain
Tirschenreuth
Speichersdorf
778
Strullendorf
Heiligenstadt
Kemnath
Fichtelnaab
Waischenfeld
Creußen
Erbendorf
Waldnaab
Bärnau
Hirschaid
Ahorntal
Neustadt
682
Windischeschenbach
Tachau (Tachov)
Buttenheim
Wiesenttal
Plößberg
Eggolsheim
Ebermannstadt
Pressath
Entenbühl
901
828
Pottenstein
Eschenbach
Hallerndorf
Gößweinstein
Pegnitz
Parkstein
Weilersbach
Pretzfeld
Kirchenthumbach
Neustadt
Altenstadt
Floß
Kirchehrenbach
Grafenwöhr
Adelsdorf
Forchheim
Heroldsbach
Obertrubach
Auerbach
Fahrenberg
802
756
Hausen
Betzenstein
Weiden
Waldthurn
Pleystein
Baiersdorf
Effeltrich
Heidenaab
Mantel
Schirmitz
Waidhaus
549
Gräfenberg
594
Neuhaus
Vohenstrauß
Möhrendorf
Langensendelbach
Freihung
Weiherhammer
672
Bubenreuth
Igensdorf
Pfreimd
Großenseebach
Neunkirchen
Simmelsdorf
Vilseck
Luhe-Wildenau
Moosbach
Erlangen
Uttenreuth
Forth
Eslarn
Buckenhof
Eckental
Eckenhaid
651
Eschenau
Schnaittach
Kirchensittenbach
Hirschau
Schnaittenbach
556
Kalchreuth
Wernberg-Köblitz
Wildenstein
736
Stückstein
808
Herzogenaurach
Hahnbach
Obermichelbach
Heroldsberg
Neunkirchen
Reichenschwand
Neukirchen
Schönsee
Veitsbronn
Lauf
Sulzbach-Rosenberg
Pfreimd
Ottensoos
Hersbruck
Pommelsbrunn
626
Freudenberg
Oberviechtach
Rückersdorf
Happurg
Fürth
Röthenbach
Poppenricht
Signalberg
890
Cadolzburg
Schwaig
Moritzberg
600
Leinburg
452
Nabburg
Zirndorf
Nürnberg
Illschwang
Ammerthal
Amberg
Schmidgaden
655
Tiefenbach
Oberasbach
628
Kümmersbruck
Fensterbach
564
Ammerndorf
Stein
Winkelhaid
Altdorf
Ursensollen
Ebermannsdorf
Schwarzenfeld
Roßtal
Feucht
Kastl
Murnersee
Schwarzach
Wendelstein
Lauterhofen
Ensdorf
Bückelsee
706
Schönthal
Schwarzenbruck
Burgthann
Schwandorf
Ausee
Neunburg vorm Wald
Rötz
Schwabach
Leerstetten
Schwanstetten
Berg
595
Rohr
Pilsach
Rieden
Wackersdorf
Postbauer-Heng
Rednitzhembach
Schwand
Bromberg
589
Pyrbaum
Bodenwöhr
Kammerstein
462
Neumarkt
Schmidmühlen
Stamsried
Pemfling
Büchenbach
Vils
533
Teublitz
Bruck
556
Abenberg
Roth
Allersberg
Berngau
Velburg
Burglengenfeld
Nittenau
Regen
591
Sengenthal
Deining
641
Hohenfels
Maxhütte-Haidhof
578
Roding
Walderbach
Rothsee
Freystadt
Sulz
Spalt
Georgensgmünd
Hilpoltstein
Main-Donau-Kanal
Kallmünz
Schorndorf
Wald
Brombachsee
Schwäbische Rezat
Mühlhausen
Parsberg
Lupburg
Seubersdorf
Rednitz
Röttenbach
Naab
Regenstauf
Heideck
Schwarze Laber
Bernhardswald
Pleinfeld
Berching
Beratzhausen
Wenzenbach
Falkenstein
Thalmässing
Breitenbrunn
Ellingen
Greding
Hemau
Laaber
Deuerling
Pettendorf
Lappersdorf
Zeitlarn
Wiesenfelden
Lauter
Schwarza
Saale
Wisenta
Weida
Weiße Elster
Zwickauer Mulde
Göltzsch
Rodach
Haßlach
Itz
Main
Weismain
Regnitz
Wiesent
Pegnitz
Vils
Naab
Regen
Schwarzach

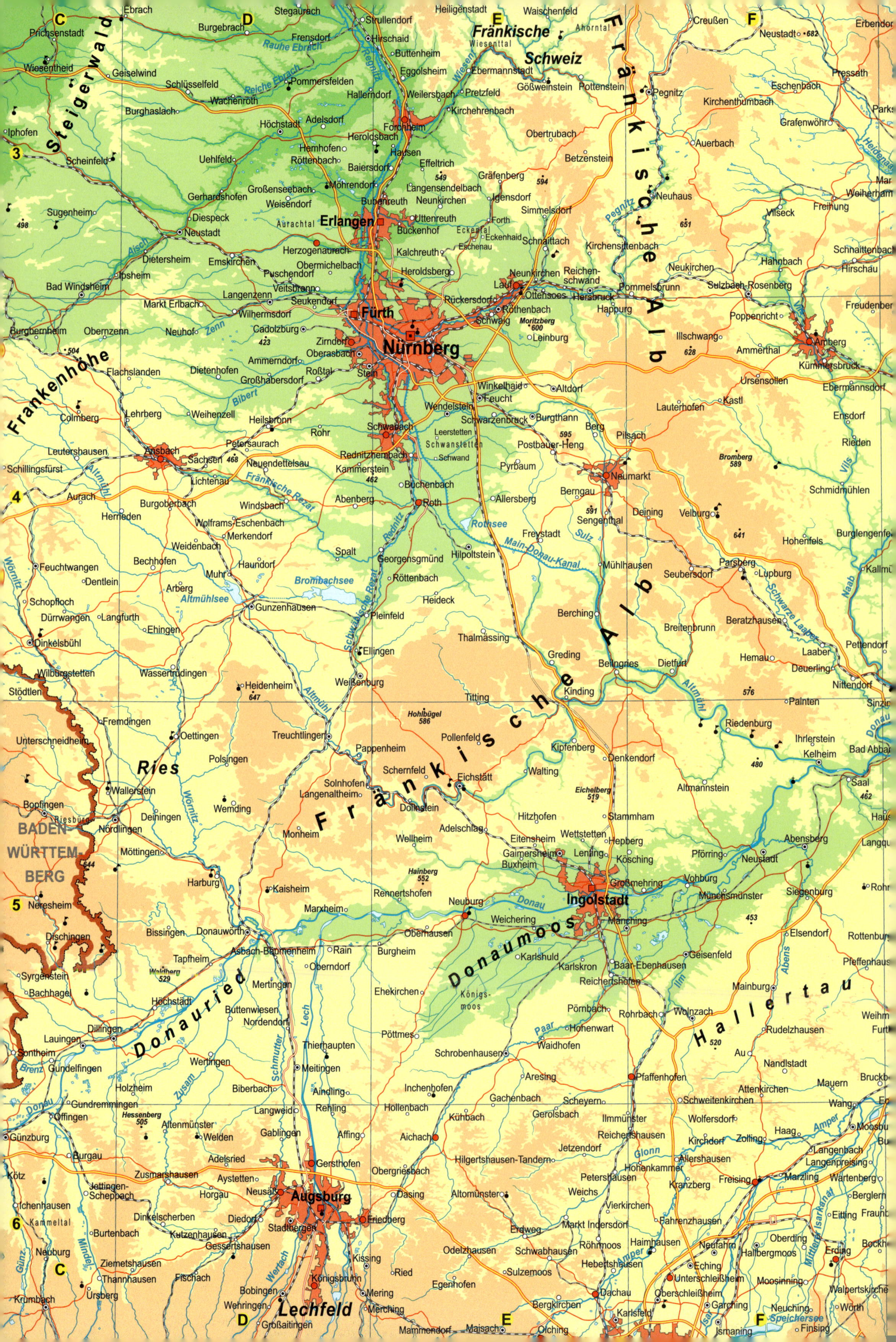

C
D
E
F
3
4
5
6
Ebrach
Stegaurach
Strullendorf
Heiligenstadt
Waischenfeld
Creußen
Neustadt
682
Erbendorf
Prichsenstadt
Burgebrach
Frensdorf
Hirschaid
Fränkische
Schweiz
Ahorntal
Wiesenttal
Rauhe Ebrach
Buttenheim
Pressath
Wiesentheid
Geiselwind
Steigerwald
Eggolsheim
Ebermannstadt
Gößweinstein
Pottenstein
Pegnitz
Eschenbach
Schlüsselfeld
Reiche Ebrach
Pommersfelden
Hallerndorf
Weilersbach
Pretzfeld
Kirchenthumbach
Parkstein
Wachenroth
Kirchehrenbach
Burghaslach
Höchstadt
Adelsdorf
Forchheim
Grafenwöhr
Iphofen
Heroldsbach
Obertrubach
Auerbach
Hemhofen
Hausen
Effeltrich
Betzenstein
Scheinfeld
Uehlfeld
Röttenbach
Baiersdorf
549
Gräfenberg
594
Weiherhammer
Großenseebach
Möhrendorf
Langensendelbach
Neuhaus
Gerhardshofen
Weisendorf
Bubenreuth
Neunkirchen
Igensdorf
Simmelsdorf
Vilseck
Freihung
Sugenheim
Diespeck
Erlangen
Uttenreuth
Forth
498
Aurachtal
Buckenhof
Eckental
651
Neustadt
Eckenhaid
Schnaittach
Aisch
Eschenau
Kirchensittenbach
Schnaittenbach
Herzogenaurach
Kalchreuth
Dietersheim
Emskirchen
Obermichelbach
Neukirchen
Hahnbach
Hirschau
Puschendorf
Heroldsberg
Reichenschwand
Ipsheim
Neunkirchen
Bad Windsheim
Veitsbronn
Lauf
Pommelsbrunn
Sulzbach-Rosenberg
Langenzenn
Ottensoos
Hersbruck
Seukendorf
Rückersdorf
Freudenberg
Markt Erlbach
Happurg
Fürth
Röthenbach
Wilhermsdorf
Schwaig
Poppenricht
Moritzberg
600
Leinburg
Burgbernheim
Obernzenn
Neuhof
Zenn
Cadolzburg
Illschwang
Amberg
423
Nürnberg
628
Ammerthal
504
Zirndorf
Oberasbach
Kümmersbruck
Frankenhöhe
Flachslanden
Ammerndorf
Roßtal
Dietenhofen
Stein
Großhabersdorf
Ursensollen
Winkelhaid
Altdorf
Ebermannsdorf
Bibert
Feucht
Lauterhofen
Kastl
Colmberg
Lehrberg
Weihenzell
Heilsbronn
Wendelstein
Ensdorf
Schwarzenbruck
Burgthann
Rohr
Schwabach
Leerstetten
595
Berg
Schwanstetten
Pilsach
Rieden
Leutershausen
Petersaurach
Postbauer-Heng
Ansbach
Schwand
Bromberg
589
Schillingsfürst
Sachsen
468
Neuendettelsau
Rednitzhembach
Vils
Altmühl
Lichtenau
Kammerstein
Pyrbaum
Neumarkt
462
Fränkische Rezat
Büchenbach
Schmidmühlen
Aurach
Berngau
Burgoberbach
Windsbach
Abenberg
Roth
Allersberg
Herrieden
591
Sengenthal
Velburg
Deining
Wolframs-Eschenbach
Rothsee
Merkendorf
Rednitz
Freystadt
Burglengenfeld
641
Weidenbach
Main-Donau-Kanal
Hohenfels
Sulz
Bechhofen
Spalt
Feuchtwangen
Hilpoltstein
Haundorf
Mühlhausen
Parsberg
Wörnitz
Dentlein
Arberg
Georgensgmünd
Kallmünz
Muhr
Brombachsee
Röttenbach
Seubersdorf
Lupburg
Schopfloch
Altmühlsee
Heideck
Naab
Gunzenhausen
Berching
Schwarze Laaber
Dürrwangen
Langfurth
Pleinfeld
Beratzhausen
Ehingen
Breitenbrunn
Dinkelsbühl
Thalmässing
Pettendorf
Laaber
Ellingen
Greding
Hemau
Beilngries
Dietfurt
Deuerling
Wilburgstetten
Wassertrüdingen
Nittendorf
Heidenheim
Weißenburg
Stödtlen
647
Kinding
576
Titting
Painten
Sinzing
Hohlbügel
586
Riedenburg
Fremdingen
Donau
Treuchtlingen
Pollenfeld
Unterschneidheim
Oettingen
Ihrlerstein
Pappenheim
Kipfenberg
Bad Abbach
Polsingen
Kelheim
Denkendorf
480
Ries
Schernfeld
Walting
Eichstätt
Saal
Wallerstein
Solnhofen
Altmannstein
462
Langenaltheim
Eichelberg
519
Bopfingen
Wemding
Dollnstein
Hausen
Stammham
Riesbürg
Hitzhofen
Deiningen
Nördlingen
Adelschlag
Wettstetten
Langquaid
BADEN-
Monheim
WÜRTTEM-
Wellheim
Eitensheim
Hepberg
Abensberg
BERG
Gaimersheim
Lenting
Pförring
Neustadt
Möttingen
644
Buxheim
Kösching
Hainberg
552
Großmehring
Vohburg
Harburg
Ingolstadt
Rohr
Neresheim
Kaisheim
Rennertshofen
Siegenburg
Münchsmünster
Neuburg
Donau
Marxheim
Weichering
Manching
453
Bissingen
Donauwörth
Oberhausen
Dischingen
Elsendorf
Rottenburg
Rain
Donaumoos
Karlshuld
Geisenfeld
Asbach-Bäumenheim
Burgheim
Tapfheim
Karlskron
Pfeffenhausen
Oberndorf
Abens
Baar-Ebenhausen
Waldberg
529
Syrgenstein
Reichertshofen
Mertingen
Mainburg
Königsmoos
Ilm
Bachhagel
Hallertau
Donauried
Ehekirchen
Höchstädt
Buttenwiesen
Nordendorf
Pörnbach
Rohrbach
Wolnzach
Lech
Weihmichl
Hohenwart
Rudelzhausen
Dillingen
Paar
Furth
Pöttmes
Lauingen
Thierhaupten
Waidhofen
520
Sontheim
Schmutter
Au
Wertingen
Schrobenhausen
Nandlstadt
Gundelfingen
Meitingen
Brenz
Aresing
Pfaffenhofen
Holzheim
Biberbach
Inchenhofen
Attenkirchen
Aindling
Mauern
Zusam
Gachenbach
Donau
Gundremmingen
Langweid
Rehling
Hollenbach
Scheyern
Schweitenkirchen
Wang
Offingen
Gerolsbach
Hessenberg
505
Ilmmünster
Wolfersdorf
Kühbach
Aichach
Haag
Aaltenmünster
Gablingen
Affing
Amper
Günzburg
Welden
Reichertshausen
Kirchdorf
Zolling
Moosburg
Jetzendorf
Glonn
Burgau
Adelsried
Gersthofen
Hilgertshausen-Tandern
Allershausen
Langenbach
Langenpreising
Obergriesbach
Hohenkammer
Zusmarshausen
Aystetten
Petershausen
Freising
Marzling
Wartenberg
Kötz
Jettingen-Scheppach
Neusäß
Augsburg
Dasing
Kranzberg
Horgau
Altomünster
Weichs
Berglern
Ichenhausen
Fraunberg
Eitting
Dinkelscherben
Diedorf
Friedberg
Vierkirchen
Kammeltal
Fahrenzhausen
Burtenbach
Erdweg
Markt Indersdorf
Oberding
Kutzenhausen
Stadtbergen
Haimhausen
Neufahrn
Erding
Hallbergmoos
Gessertshausen
Odelzhausen
Schwabhausen
Röhrmoos
Bockhorn
Neuburg
Mindel
Mittlerer Isarkanal
Ziemetshausen
Kissing
Amper
Hebertshausen
Eching
Wertach
Günz
Unterschleißheim
Moosinning
C
Thannhausen
Fischach
Königsbrunn
Ried
Sulzemoos
Eugenhofen
Dachau
Oberschleißheim
Walpertskirchen
Krumbach
Ursberg
Bobingen
Mering
Bergkirchen
Wehringen
Lechfeld
Merching
Karlsfeld
Garching
Neuching
Wörth
D
Großaitingen
Mammendorf
Maisach
Olching
E
Isar
F
Speichersee
Ismaning
Finsing

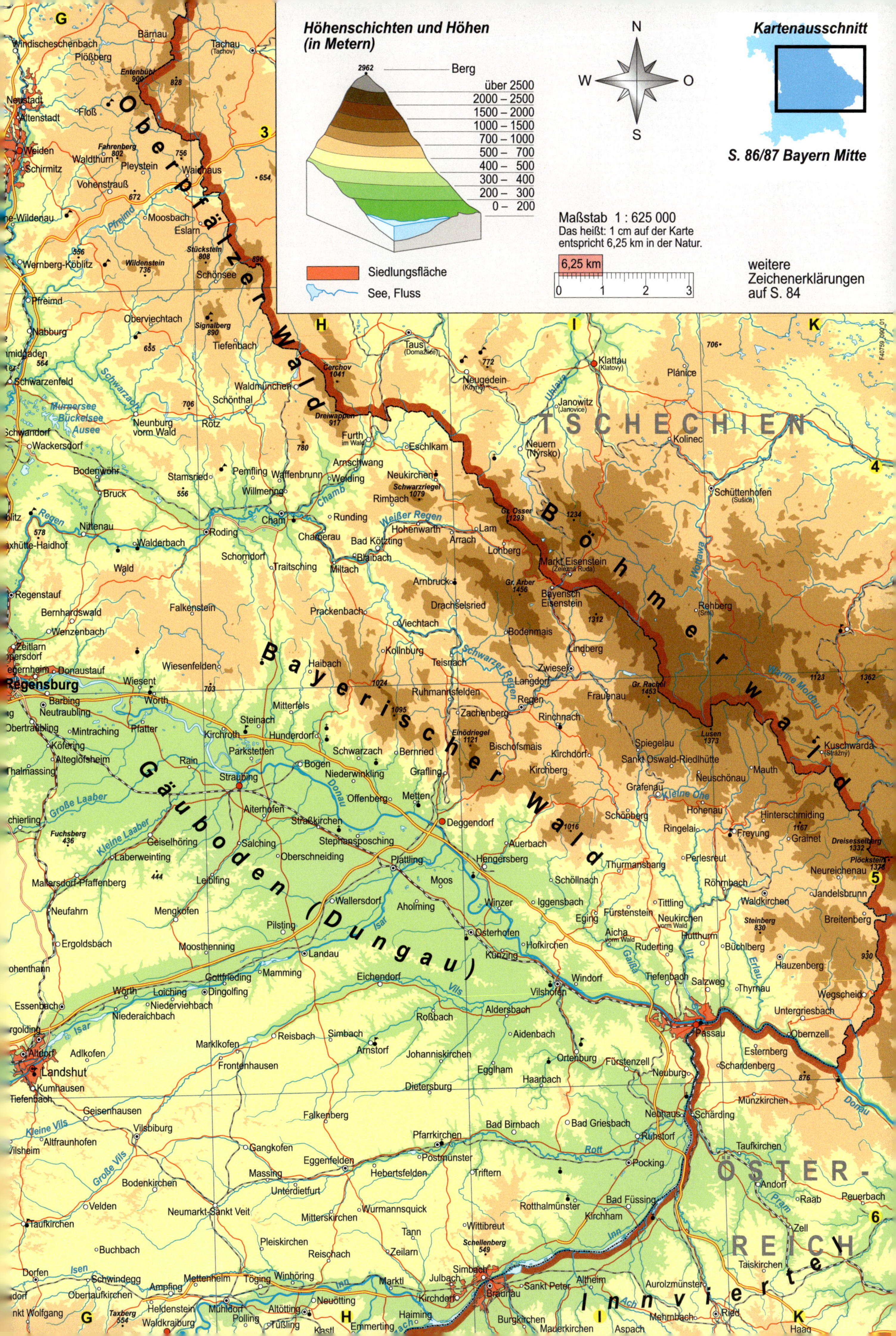

Höhenschichten und Höhen (in Metern)
2962
Berg
über 2500
2000 – 2500
1500 – 2000
1000 – 1500
700 – 1000
500 – 700
400 – 500
300 – 400
200 – 300
0 – 200
Siedlungsfläche
See, Fluss
N
W
O
S
Maßstab 1 : 625 000
Das heißt: 1 cm auf der Karte entspricht 6,25 km in der Natur.
6,25 km
0
1
2
3
Kartenausschnitt
S. 86/87 Bayern Mitte
weitere Zeichenerklärungen auf S. 84
G
H
I
K
3
4
5
6
Oberpfälzer Wald
Böhmerwald
Bayerischer Wald
Gäuboden (Dungau)
TSCHECHIEN
ÖSTERREICH
Innviertel
Bärnau
Tachau (Tachov)
Windischeschenbach
Plößberg
Entenbühl 900
828
Neustadt
Altenstadt
Floß
Weiden
Schirmitz
Fahrenberg 802
Waldthurn
756
Pleystein
Waidhaus
654
Vohenstrauß
672
Pfreimd
Moosbach
Eslarn
Wildenau
556
Wernberg-Köblitz
Wildenstein 736
Stückstein 808
896
Schönsee
Pfreimd
Oberviechtach
Signalberg 890
Nabburg
655
Tiefenbach
Schwarzach
Schwarzenfeld
Čerchov 1041
Taus (Domažlice)
772
Neugedein (Kdyně)
Klattau (Klatovy)
706
Plánice
Waldmünchen
Schönthal
706
Murnersee
Bückelsee
Ausee
Neunburg vorm Wald
Rötz
Dreiwappen 917
Furth im Wald
Úhlava
Janowitz (Janovice)
Kolinec
Wackersdorf
780
Eschlkam
Neuern (Nýrsko)
Bodenwöhr
Pemfling
Waffenbrunn
Arnschwang
Neukirchen
Stamsried
Weiding
Schwarzriegel 1079
Schüttenhofen (Sušice)
Bruck
556
Willmering
Chamb
Rimbach
Regen
Cham
Runding
Weißer Regen
Gr. Osser 1293
1234
Nittenau
Roding
Chamerau
Bad Kötzting
Hohenwarth
Arrach
Lam
578
Walderbach
Lohberg
Maxhütte-Haidhof
Schorndorf
Blaibach
Markt Eisenstein (Železná Ruda)
Wottawa
Wald
Traitsching
Miltach
Arnbruck
Gr. Arber 1456
Bayerisch Eisenstein
Regenstauf
Drachselsried
Rehberg (Srní)
Bernhardswald
Falkenstein
Prackenbach
1312
Viechtach
Bodenmais
Wenzenbach
Zeitlarn
Kollnburg
Lindberg
Schwarzer Regen
Haibach
Teisnach
Zwiesel
Donaustauf
Wiesenfelden
1024
Langdorf
1123
1362
Regensburg
Wiesent
703
Ruhmannsfelden
Gr. Rachel 1453
Warme Moldau
Wörth
Frauenau
Barbing
Mitterfels
Neutraubling
Zachenberg
Regen
Steinach
1095
Rinchnach
Obertraubling
Mintraching
Pfatter
Kirchroth
Hunderdorf
Einödriegel 1121
Lusen 1373
Parkstetten
Kirchdorf
Spiegelau
Köfering
Schwarzach
Bernried
Bischofsmais
Kuschwarda (Strážný)
Alteglofsheim
Rain
Bogen
Sankt Oswald-Riedlhütte
Thalmassing
Niederwinkling
Grafling
Kirchberg
Mauth
Straubing
Neuschönau
Donau
Metten
Grafenau
Offenberg
Große Laaber
Aiterhofen
Kleine Ohe
Hohenau
Schierling
Straßkirchen
Deggendorf
Schönberg
Hinterschmiding
Fuchsberg 436
Ringelai
Kleine Laaber
Geiselhöring
Stephansposching
1016
Freyung
1167
Grainet
Salching
Auerbach
Dreisesselberg 1332
Laberweinting
Oberschneiding
Plattling
Hengersberg
Thurmansbang
Perlesreut
Plöckenstein 1378
444
Neureichenau
Mallersdorf-Pfaffenberg
Leiblfing
Moos
Schöllnach
Röhrnbach
Jandelsbrunn
Wallersdorf
Iggensbach
Tittling
Waldkirchen
Neufahrn
Mengkofen
Aholming
Winzer
Eging
Fürstenstein
Neukirchen vorm Wald
Steinberg 830
Breitenberg
Pilsting
Isar
Osterhofen
Aicha vorm Wald
Hutthurm
Ergoldsbach
Moosthenning
Hofkirchen
Ruderting
Büchlberg
Erlau
Landau
Künzing
Gaißa
Ilz
Hauzenberg
930
Gottfrieding
Mamming
Tiefenbach
Salzweg
Eichendorf
Windorf
Thyrnau
Wörth
Loiching
Dingolfing
Vils
Vilshofen
Wegscheid
Essenbach
Niederviehbach
Niederaichbach
Aldersbach
Untergriesbach
Roßbach
Passau
Isar
Marklkofen
Reisbach
Simbach
Aidenbach
Obernzell
Altdorf
Adlkofen
Arnstorf
Ortenburg
Esternberg
Landshut
Frontenhausen
Johanniskirchen
Fürstenzell
Schardenberg
Eggham
Neuburg
876
Kumhausen
Haarbach
Dietersburg
Tiefenbach
Münzkirchen
Geisenhausen
Neuhaus
Schärding
Falkenberg
Donau
Kleine Vils
Vilsbiburg
Bad Birnbach
Bad Griesbach
Altfraunhofen
Pfarrkirchen
Ruhstorf
Taufkirchen
Gangkofen
Rott
Postmünster
Eggenfelden
Pocking
Große Vils
Massing
Hebertsfelden
Triftern
Andorf
Bodenkirchen
Unterdietfurt
Pram
Raab
Peuerbach
Bad Füssing
Velden
Neumarkt-Sankt Veit
Wurmannsquick
Rotthalmünster
Kirchham
Mitterskirchen
Zell
Taufkirchen
Wittibreut
Tann
Inn
Buchbach
Pleiskirchen
Schellenberg 549
Reischach
Zeilarn
Isen
Dorfen
Schwindegg
Mettenheim
Töging
Winhöring
Marktl
Simbach
Julbach
Taiskirchen
Aurolzmünster
Obertaufkirchen
Ampfing
Inn
Altheim
Sankt Peter
Braunau
Kirchdorf
Sankt Wolfgang
Taxberg 554
Heldenstein
Mühldorf
Altötting
Neuötting
Ach
Mehrnbach
Ried
Waldkraiburg
Polling
Tüßling
Kastl
Emmerting
Haiming
Burgkirchen
Mauerkirchen
Aspach
Haag
F40759_090_01

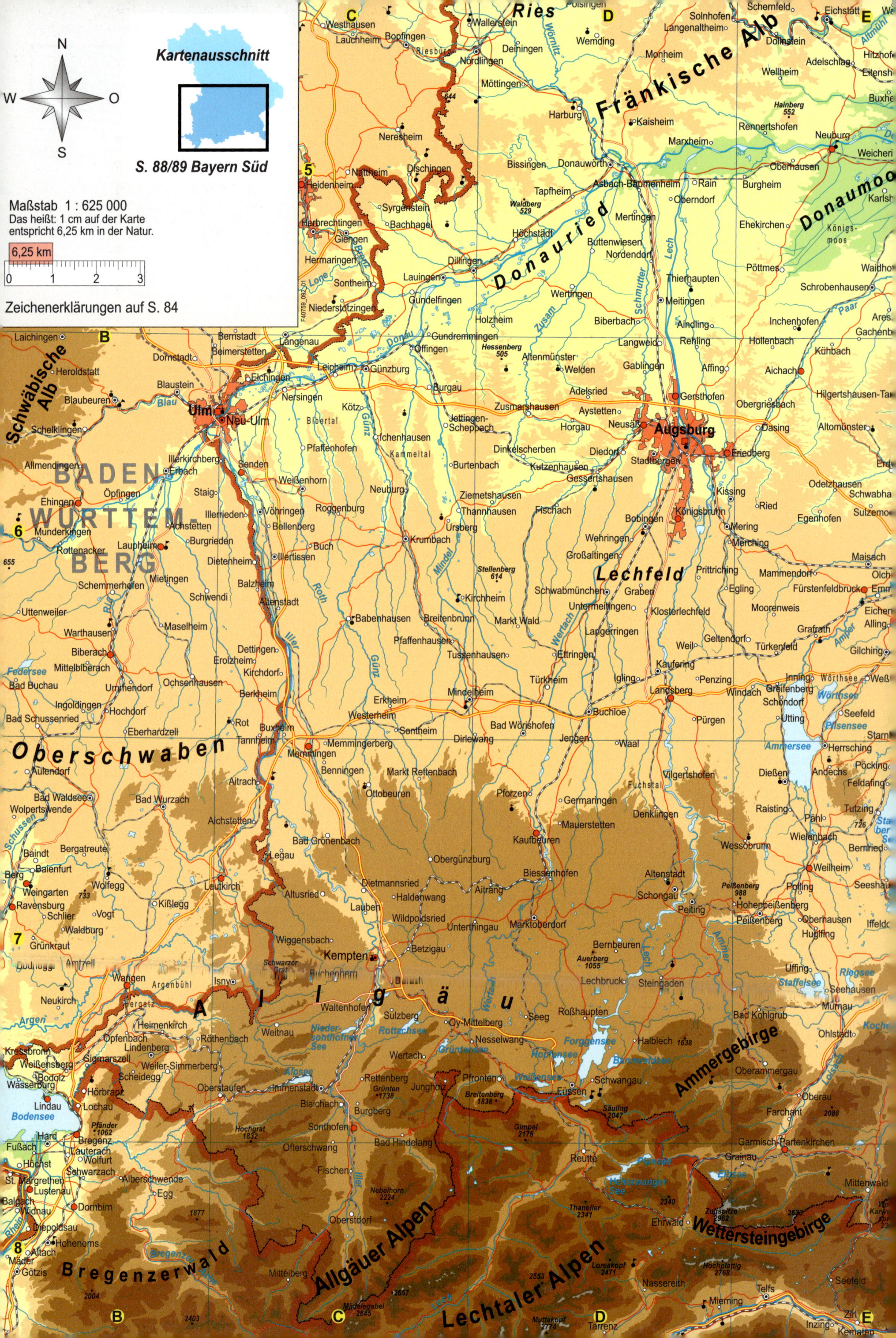
N
W
O
S
Kartenausschnitt
S. 88/89 Bayern Süd
Maßstab 1 : 625 000
Das heißt: 1 cm auf der Karte entspricht 6,25 km in der Natur.
6,25 km
0 1 2 3
Zeichenerklärungen auf S. 84
Ries
Fränkische Alb
Donaumoos
Donauried
Schwäbische Alb
BADEN-WÜRTTEMBERG
Oberschwaben
Lechfeld
Allgäu
Ammergebirge
Wettersteingebirge
Lechtaler Alpen
Allgäuer Alpen
Bregenzerwald
Bodensee
Ulm
Neu-Ulm
Augsburg
Kempten
Memmingen
Kaufbeuren
Nördlingen
Donauwörth
Günzburg
Dillingen
Lauingen
Höchstädt
Neuburg
Schrobenhausen
Aichach
Friedberg
Königsbrunn
Landsberg
Buchloe
Mindelheim
Krumbach
Illertissen
Biberach
Laupheim
Ehingen
Leutkirch
Wangen
Isny
Lindau
Bregenz
Füssen
Reutte
Sonthofen
Oberstdorf
Immenstadt
Marktoberdorf
Schongau
Weilheim
Garmisch-Partenkirchen
Mittenwald
Ammersee
Forggensee
Ehrwald
Iller
Lech
Wertach
Günz
Mindel
Zusam
Schmutter
Paar
Amper
Ammer
B
C
D
E
5
6
7
8

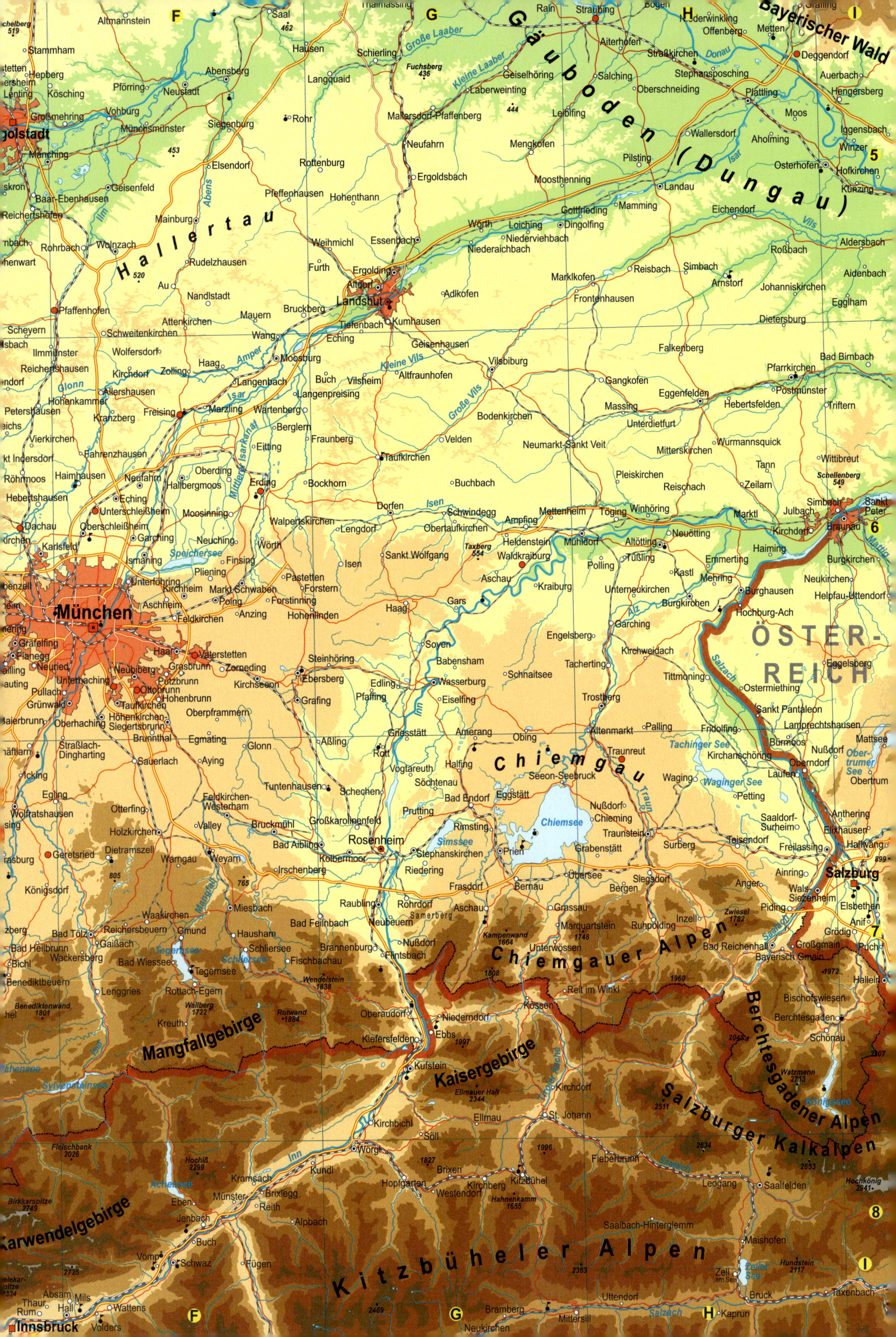

F
G
H
I
5
6
7
8
Bayerischer Wald
Gäuboden (Dungau)
Hallertau
Chiemgau
Chiemgauer Alpen
Mangfallgebirge
Kaisergebirge
Berchtesgadener Alpen
Salzburger Kalkalpen
Karwendelgebirge
Kitzbüheler Alpen
ÖSTER-
REICH
München
Landshut
Rosenheim
Salzburg
Innsbruck
Straubing
Deggendorf
Ingolstadt
Freising
Erding
Moosburg
Dingolfing
Landau
Plattling
Vilsbiburg
Eggenfelden
Pfarrkirchen
Simbach
Braunau
Mühldorf
Altötting
Burghausen
Wasserburg
Traunstein
Traunreut
Trostberg
Ebersberg
Bad Aibling
Bad Tölz
Miesbach
Holzkirchen
Dachau
Kufstein
Wörgl
Kitzbühel
St. Johann
Bad Reichenhall
Berchtesgaden
Saalfelden
Zell am See
Schwaz
Jenbach
Rattenberg
Hall
Wattens
Mittersill
Neukirchen
Chiemsee
Simssee
Tegernsee
Schliersee
Achensee
Sylvensteinsee
Waginger See
Tachinger See
Königssee
Zeller See
Speichersee
Donau
Isar
Inn
Salzach
Amper
Vils
Große Vils
Kleine Vils
Große Laaber
Kleine Laaber
Isen
Alz
Abens
Ilm
Mangfall
Saalach
Mattig
Glonn
Sempt
Wendelstein 1838
Kampenwand 1664
Watzmann 2713
Hochkönig 2941
Zwiesel 1782
Benediktenwand 1801
Birkkarspitze 2749
Rotwand 1884
Wallberg 1722
Hochiß 2299
Fleischbank 2026
Ellmauer Halt 2344
Hahnenkamm 1655
Hundstein 2117
Taxberg 554
Schellenberg 549
Fuchsberg 436

Saalfeld
Greiz
Meiningen
Suhl
Fulda
Rhön
Werra
Fladungen
Ostheim
Burg Lauenstein
Ludwigsstadt
Plauen
Fulda
Nidda
Bayerische Rhön
Kreuzberg 928
Bad Neustadt
Bad Brückenau
Bad Königshofen
Bad Rodach
Neustadt
Frankenwald
Naila
Hof
Saale
Weiße Elster
Kinzig
Dreistelz-berg 660
Fränkische Saale
Münnerstadt
Coburg
Döbraberg 795
Rehau
Gelnhausen
Bad Kissingen
Rodach
Kronach
Selb
Hanau
Sinn
Hammelburg
Lichtenfels
Münchberg
Eger (Cheb)
Alzenau
Baunach
Itz
Banz
Vierzehnheiligen
Plassenburg
Bayerischer Spessart
Gemünden
Schweinfurt
Bramberg 495
Haßberge
Ebern
Bad Staffelstein
Kulmbach
Schneeberg 1053
Wunsiedel
Fichtelgebirge
Kappel
Basilika und Klosterbibliothek
Schloss Johannisburg
Aschaffenburg
Lohr
Wern
Werneck
Museum Georg Schäfer
Haßfurt
Main
Weißer Main
Roter Main
Festspielhaus
Hans-Walter-Wild-Stadion
Marktredwitz
Waldsassen
Karlstadt
Euerberg 492
Schloss Seehof
Wiesent
Bayreuth
Geiersberg 586
Mespelbrunn
Dom
Bamberg
Ploßberg 820
Steinwald
Marktheidenfeld
Maria im Weingarten
Volkach
Steigerwald
Binghöhle
Tirschenreuth
Würzburg
Feste Marienberg
Residenz
Dom
Freizeit-Land
Geiselwind
Gößweinstein
Pottenstein
Teufelshöhle
Pegnitz
Fichtelnaab
Heidenaab
Waldnaab
Entenbühl 900
Miltenberg
Kitzingen
Pommersfelden
Forchheim
Erbach
Amorbach
Iphofen
Höchstadt
Erlebnispark Schloss Thurn
Fränkisches Wunderland
Weiden
Scheinfeld
Aisch
Regnitz
Fränkische Schweiz-Veldensteiner Forst
Nördlicher Oberpfälzer Wald
Ochsenfurt
Neustadt
Erlangen
Vohenstrauß
Tauber
Uffenheim
Bad Windsheim
Lauf
Sulzbach-Rosenberg
Pfreimd
Fürth
Burg
Lorenzkirche
Hersbruck
Oberpfälzer Freilandmuseum
Ober-viechtach
Signa 89
Bad Mergentheim
Fränkisches Freilandmuseum
Zenn
Verkehrsmuseum
Nürnberg
Germanisches Nationalmuseum
Tiergarten
Grundig-Stadion
Amberg
Nabburg
Neckar
Frankenhöhe
Rothenburg ob der Tauber
Feucht
Altdorf
Kastl
Schwarzach
Oberpfälzer Wald
Mosbach
Jagst
Schwabach
Hirschwald
Vils
Neunburg vorm Wald
Kocher
Ansbach
Fränkische Rezat
Bromberg 589
Schwandorf
Roth
Neumarkt
Heilbronn
Feuchtwangen
Brombachsee
Hilpoltstein
Main-Donau-Kanal
Burglengenfeld
Churpfalzpark Loifling
Altmühlsee
Gunzenhausen
Parsberg
Regen
Wörnitz
Dinkelsbühl
Schwäbische Rezat
Deutschordensschloss Ellingen
Weißenburg
Greding
Berching
Naab
Regenstauf
Falkenstein
Treuchtlingen
Altmühltal
Beilngries
Regensburg
Dom
Walhalla
Schloss Prunn
Riedenburg
Schulerloch
Ludwigsburg
Wemding
Solnhofen
Dom
Eichstätt
Willibaldsburg
Eichelberg 519
Befreiungshalle
Kelheim
Kloster Weltenburg
Bad Abbach
Rems
Nördlingen
Bürgermeister-Müller-Museum
Abensberg
Fuchsberg 436
Stuttgart
Schwäbisch Gmünd
Aalen
Harburg
Kloster Kaisheim
Hainberg 552
Festungsanlage
Ingolstadt
Neustadt
Göppingen
Donauwörth
Neuburg
Donau
Manching
Fils
Heidenheim
Schulmuseum Ahrain
Isar
Dingolfing
Neckar
Brenz
Lech
Wolnzach
Mainburg
Dillingen
Lauingen
Schrobenhausen
Landshut
St. Martin
Tübingen
Reutlingen
Zusam
Meitingen
Paar
Pfaffenhofen
Skulpturenmuseum
Burg Trausnitz
Hessenberg 505
Günzburg
Aichach
Moosburg
Vilsbiburg
Ulm
Legoland
Augsburg – Westliche Wälder
Augsburg
Neu-Ulm
Dom
Rathaus
Fuggerei
Rosenaustadion
SGL-Arena
Altomünster
Dom
Freising
Günz
Mindel
Ampertal
Amper
Donau
Königsbrunn
Neufahrn
Erding
Therme Erding
Krumbach
Mering
Dachau
Schloss Schleißheim
Speichersee
Dorfen
Isen
Illertissen
Stellenberg 614
Allianz-Arena
Taxberg 554
Mühldorf
Schwabmünchen
Olympiastadion
Alte und Neue Pinakothek
Waldkraiburg
Fürstenfeldbruck
Schloss Nymphenburg
Residenz
Frauenkirche
Deutsches Museum
München
Wertach
Tierpark Hellabrunn
Mindelheim
Buchloe
Kaufering
Ebersberg
Wasserburg
Landsberg
Trostberg
Iller
Memmingen
Bad Wörishofen
Herrsching
Ammersee
Kloster Andechs
Starnberg
Würm
Starnberger See
Ottobeuren
Dießen
Tutzing
Wolfratshausen
Seeon-Seebruck
Chiemsee
Kaufbeuren
Buchheim-Museum Bernried
Rosenheim
Bad Aibling
Frauenchiemsee
Herrenchiemsee
Wessobrunn
Geretsried
Holzkirchen
Prien
Peißenberg 988
Schongau
Weilheim
Mangfall
Marktoberdorf
Auerberg 1055
Kloster St. Benedikt
Miesbach
Aschau
Kampenwand 1664
Schwarzer Grat 1118
Kempten
Bad Tölz
Schliersee
Tegernsee
Wendelstein 1838
Die Wies
Ammer
Staffelsee
Murnau
Benediktenwand 1801
Lenggries
Rottach-Egern
Reit im Winkl
Konstanz
Argen
Kochelsee
Kiefersfelden
Lindenberg
Forggensee
Oberammergau
Bodensee
Oberstaufen
Alpsee
Walchensee
Sylvensteinsee
Thur
Lindau
Bregenz
Hochgrat 1832
Sonthofen
Füssen
Schloss Neuschwanstein
Schloss Linderhof
Kloster Ettal
Loisach
Säuling 2047
Bad Hindelang
Garmisch-Partenkirchen
St. Gallen
Nagelfluhkette
Nebelhorn 2224
Eibsee
Zugspitze 2962
Mittenwald
Oberstdorf
Rhein
Lech
Mädelegabel 2645
Innsbruck
Inn
Salzach

Verkehr
- Eisenbahn
- Autobahn (mit Nummer)

Städte/Gem. Einwohner
- über 500 000
- 100 000 – 500 000
- unter 100 000

Erholung
- Heilbad, Kurort
- Erholungsort

Kultur
- Burg, Schloss
- Sonstige Sehenswürdigkeit
- Kirche, Kloster
- Passau Sehenswerter Ort

Freizeit
- Naturpark
- Nationalpark
- Biosphärenreservat
- Naturdenkmal
- Tierpark, Zoo
- Freizeitpark
- Großes Stadion (über 20 000 Plätze)
- Rhön Name eines Parks oder Reservates

Grenzen
- Staatsgrenze
- Landesgrenze
- Siedlungsfläche

Maßstab 1 : 1 300 000
Das heißt: 1 cm auf der Karte entspricht 13 km in der Natur.
13 km
0 1 2 3

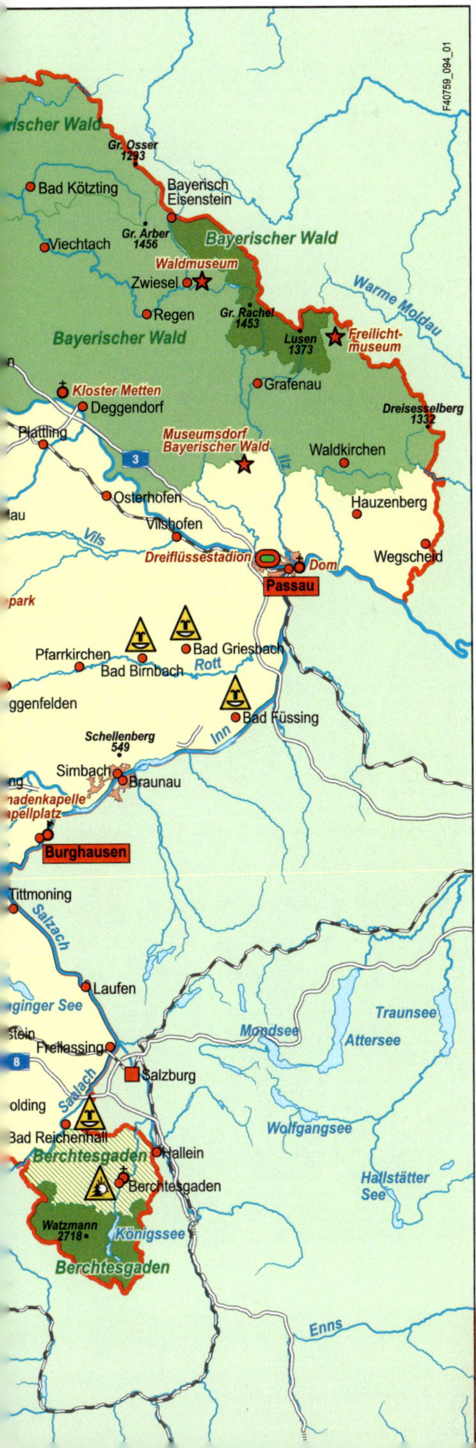

Erholung und Freizeit in Bayern

In Bayern leben fast 13 Millionen Menschen. Für ihre Freizeit, Erholung und sportliche Betätigung gibt es vielfältige Angebote in der Nähe oder in der weiteren Umgebung.
Die zahlreichen Berge und Wälder Bayerns laden zum Wandern und Erholen ein. Viele Menschen fahren zu den Seen, um dort ihre Freizeit zu verbringen. In Kurorten und Heilbädern können Menschen ihre Erkrankungen heilen oder lindern.
In Bayern gibt es zwei Nationalparks. Das sind besondere Landschaften, die dem Schutz von Tieren und Pflanzen dienen. Naturparks dienen hauptsächlich der Erholung der Menschen. Veränderungen der Landschaft sind dort verboten oder eingeschränkt. In den Naturparks gibt es vielfältige Angebote für die Besucher. Man erfährt Wissenswertes über die Region, die Natur und die Möglichkeiten, sie zu schützen. Alte Städte, Burgen, Schlösser und Kirchen erinnern an frühere Zeiten und geben einen Einblick in die Geschichte Bayerns. Es gibt noch eine Vielzahl an weiteren Sehenswürdigkeiten, deren Besuch sich lohnt, z. B. Naturdenkmale oder Tierparks.

(1) Suche auf der Karte Freizeiteinrichtungen und Sehenswürdigkeiten in der Nähe deines Wohnortes und beschreibe den Weg dorthin. Welche möchtest du besuchen?

(2) Zähle auf, in welchen Städten es große Sportstadien gibt.

(3) Nenne die Namen der Nationalparks und Naturparks und beschreibe ihre Lage in Bayern.

(4) Wähle drei Symbole aus der Legende aus und zeichne sie. Notiere dahinter ihre Bedeutung und ein Beispiel.

(5) Wählt ein Gebiet in Bayern aus. Besorgt euch über dieses Gebiet Informationen über Reiseführer und das Internet. Gestaltet selbst einen kleinen Reiseführer mit Urlaubszielen. Wählt geeignete Texte und Bilder aus.

■ Bayern im Überblick, Seite 80/81

Der Mensch nutzt und gestaltet Räume

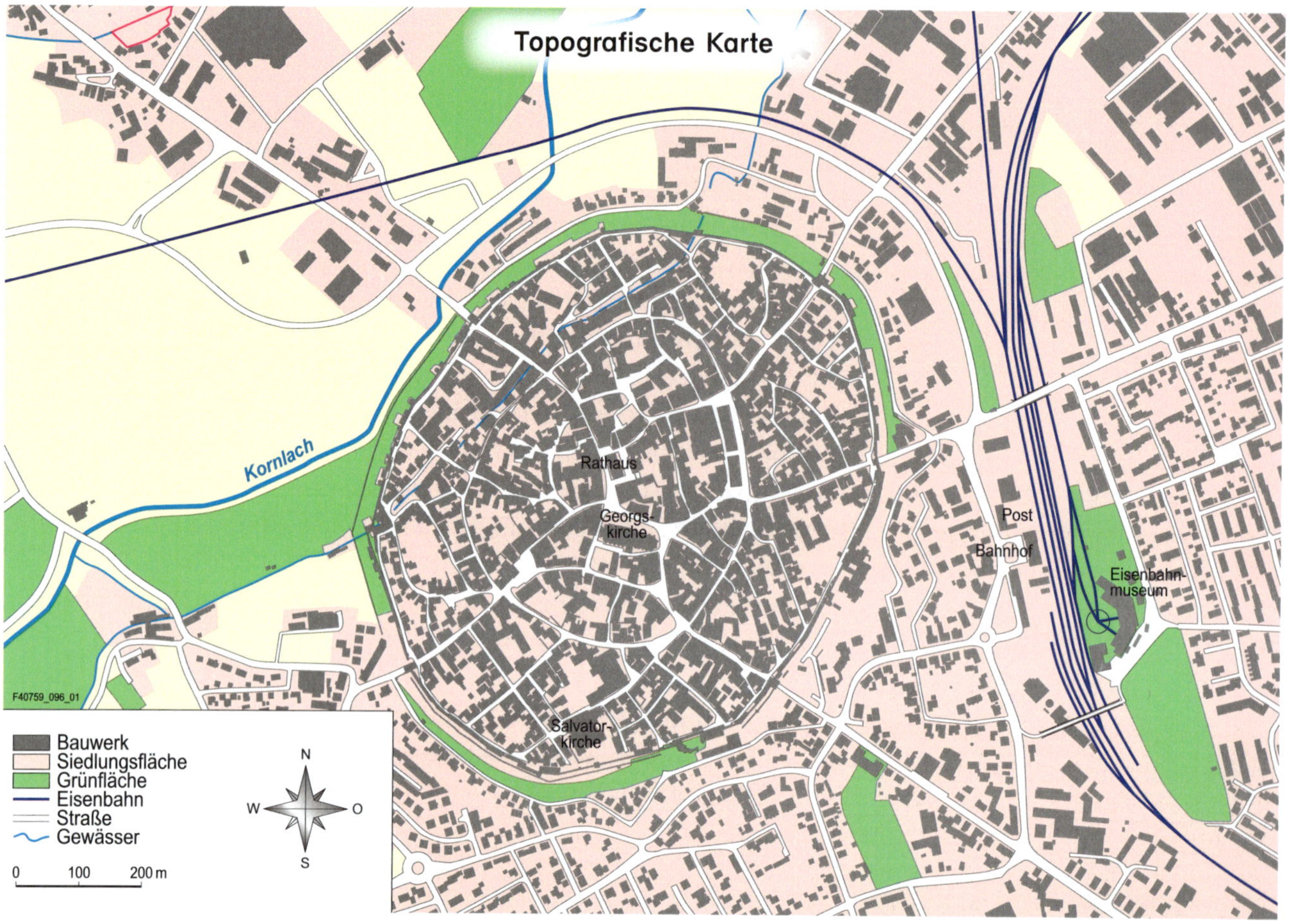

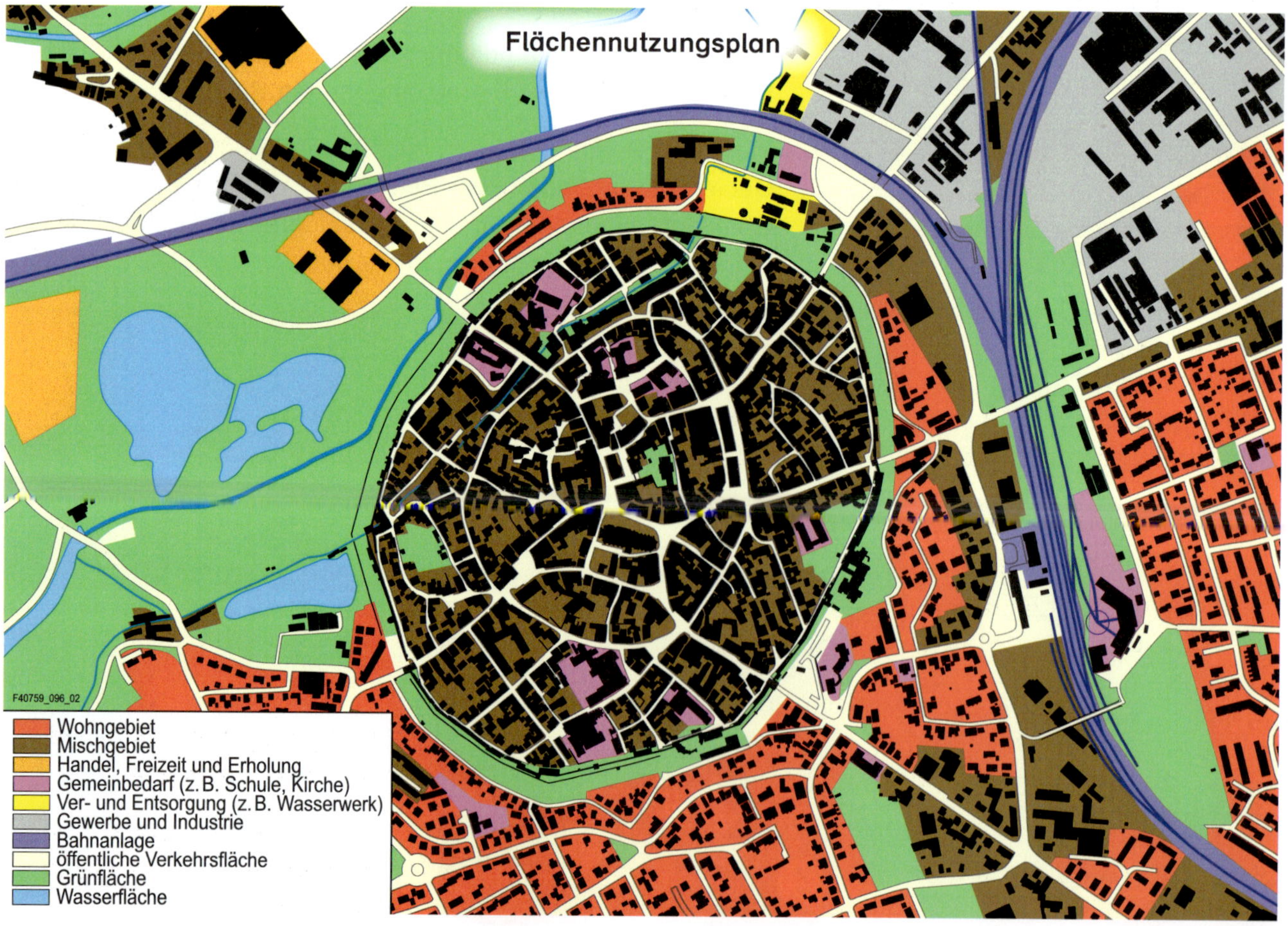

■ Karten lesen und verstehen, Seite 82/83

Wohngebiet

Mischgebiet

Gewerbe und Industrie

Schon sehr lange Zeit nutzen Menschen unsere Landschaften. Anfangs lebten sie als Jäger und Sammler und nahmen fast keine Veränderungen in der Landschaft vor. Dies änderte sich, als die Menschen begannen, Getreide anzubauen und sesshaft zu werden. Sie rodeten die Wälder und legten Felder an. Später entstanden Dörfer. Einige entwickelten sich zu Städten mit Wehranlagen. Straßen und Brücken wurden gebaut. Vor etwa 300 Jahren entstanden die ersten Industriebetriebe. Die Städte wuchsen schnell und oft planlos. Große Bereiche in vielen Landschaften wurden zerstört. Auch heute benötigen Industrieanlagen, Wohngebiete und Straßen viel Raum. Zur besseren Nutzung und Gestaltung der Landschaften und Städte werden heute Flächennutzungspläne erstellt. Sie legen fest, wo Menschen wohnen, arbeiten oder wo sie sich erholen können. In Mischgebieten gibt es Wohnungen sowie Geschäfte, Restaurants und Cafés. Oft führt das Wachstum der Siedlungen zu Konflikten: Eine Firma will z. B. eine neue Fabrik bauen. Dort sollen neue Arbeitsplätze entstehen. Doch die Menschen, die in der Nähe wohnen, sind dagegen, weil sie Lärm und Abgase befürchten. Umweltschützer sind dagegen, weil sie Tier- und Pflanzenarten schützen wollen. Denkmalschützer sind dagegen, weil alte Gebäude erhalten werden sollen. Andere Menschen in der Umgebung sind für den Bau der Fabrik, weil sie hoffen, dort einen Arbeitsplatz zu finden. In diesem Fall muss gemeinsam eine Lösung gefunden werden, die möglichst viele Bedürfnisse befriedigt, aber auch zukünftige Entwicklungen zulässt.

Gemeinbedarf

Bahnanlage

(1) Betrachte zunächst die topografische Karte auf Seite 92 oben. Beschreibe mithilfe der Legende, wo sich z. B. Siedlungsflächen, Gewässer oder Grünflächen befinden.

(2) Betrachte den Flächennutzungsplan auf Seite 92 unten und lies die Legende dazu. Beschreibe, welche Gebiete unterschieden werden.

(3) Betrachte die Fotografien. Ordne sie den Gebieten im Flächennutzungsplan zu. Nenne die Namen.

(4) Vergleiche die topografische Karte mit dem Flächennutzungsplan. Was ist in der Karte noch nicht eingezeichnet, im Plan aber bereits vorhanden? Nenne Beispiele.

(5) Besorgt euch die topografische Karte und den Flächennutzungsplan eurer Gemeinde oder eurer Stadt und vergleicht sie.

(6) Welche Veränderungen sind in eurer Umgebung geplant? Befragt Menschen zu ihren Interessen und Meinungen.

Bayern – eins von 16 Bundesländern

Die Bundesrepublik Deutschland besteht aus 16 Bundesländern. In ihnen leben etwa 82 Millionen Menschen. Die Hauptstadt ist Berlin.
Nach dem Zweiten Weltkrieg waren zwei deutsche Staaten entstanden: die Bundesrepublik Deutschland und die Deutsche Demokratische Republik.
Am 3. Oktober des Jahres 1990 vereinigten sie sich beide wieder zu einem Staat. Seitdem wird dieser Tag jedes Jahr als „Tag der Deutschen Einheit“ gefeiert.

(1) Notiert die Namen der Bundesländer, die an Bayern grenzen.

(2) Vergleicht die Flächengröße und Einwohnerzahl Bayerns mit denen der anderen Bundesländer.

Deutschland

Baden-Württemberg

Bayern

Berlin

Brandenburg

Bremen

Hamburg

Hessen

Mecklenburg-Vorpommern

Niedersachsen

Nordrhein-Westfalen

Rheinland-Pfalz

Saarland

Sachsen

Sachsen-Anhalt

Schleswig-Holstein

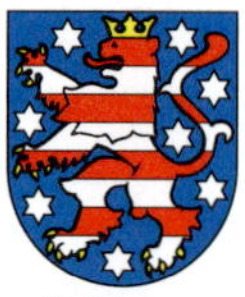
Thüringen

Europa

Auf dem Kontinent Europa leben etwa 740 Millionen Menschen in über 40 Staaten. In der Europäischen Union (EU) haben sich bisher 28 Staaten mit insgesamt 506 Millionen Einwohnern zusammengeschlossen. (Stand: 2015)

① Legt eine Tabelle an.

Land der EU	Hauptstadt	Int. Kfz-Zeichen
Deutschland	*Berlin*	*D*

② Benennt die Staaten, die an Deutschland grenzen.

③ Findet die beiden Hauptstädte, die am weitesten voneinander entfernt (Luftlinie) sind. Nehmt ein Lineal dabei zuhilfe.

Flaggen der Mitgliedsstaaten der Europäischen Union

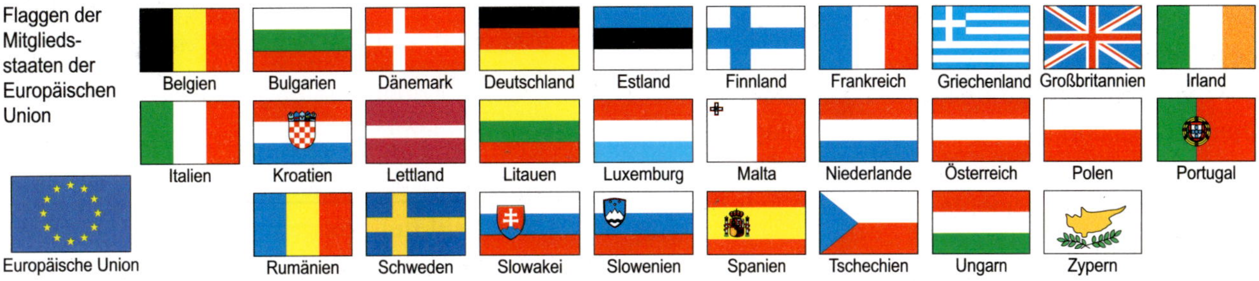

Die Erde und ihre Kontinente

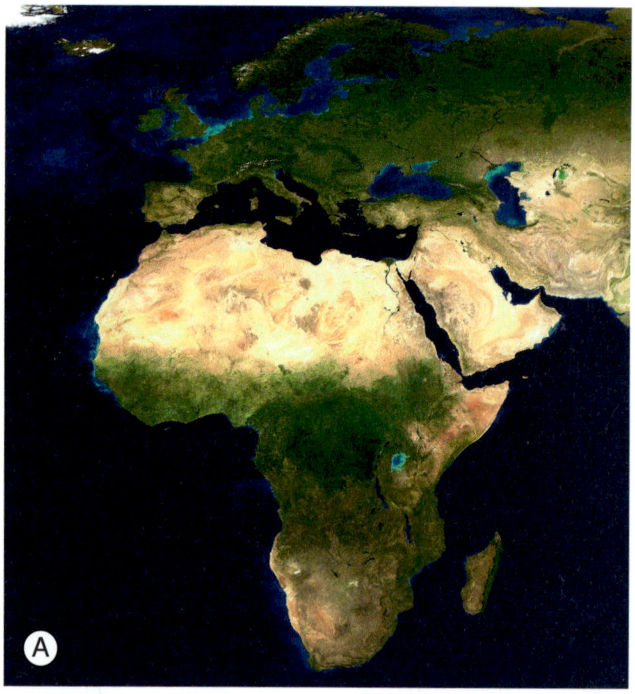

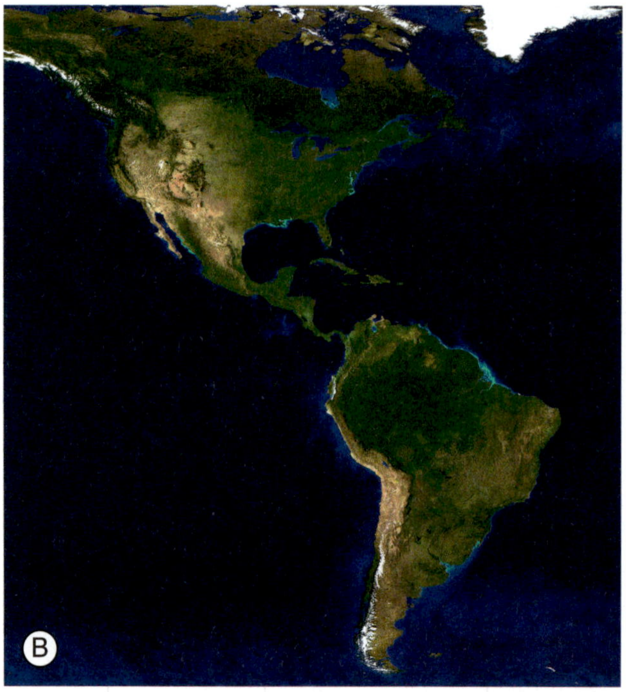

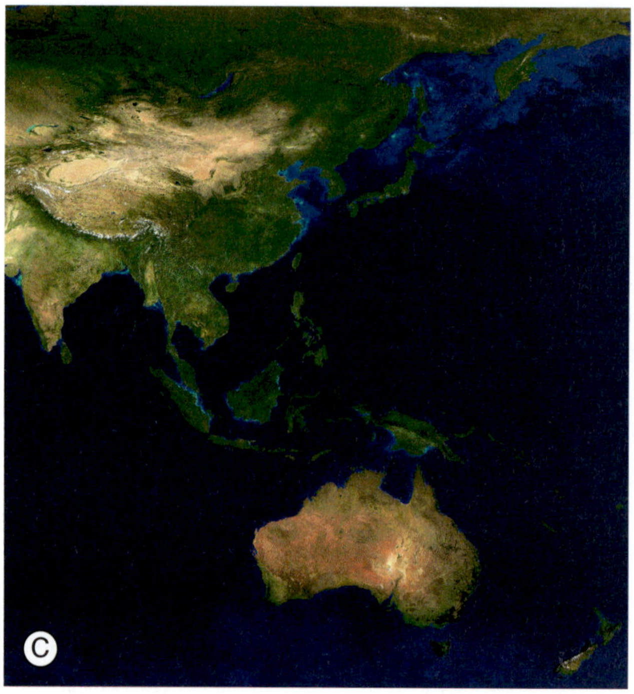

In ihrem Space-Shuttle umkreisen Astronauten die Erdkugel. Wenn sie dabei aus dem Fenster schauen, sehen sie wie auf einem Globus die verschiedenen Erdteile, die Kontinente, und sehr viel Wasser.
Auf der Erde unterscheidet man sieben Kontinente. Zwischen diesen Kontinenten liegen drei Ozeane. Der größte von ihnen, der Pazifik, ist so groß, dass alle Kontinente der Erde in ihm Platz finden könnten.

1. Suche die Kontinente auf einem Globus oder auf einer Karte. Nenne ihre Namen.
2. Wie heißt der Ozean, der Afrika und Europa von Nord- und Südamerika trennt?
3. Welche Kontinente begrenzen den Indischen Ozean?
4. Vergleiche die Kontinente. Wie heißt der größte und wie der kleinste Kontinent?

■ Politische Weltkarte, Seite 98/99

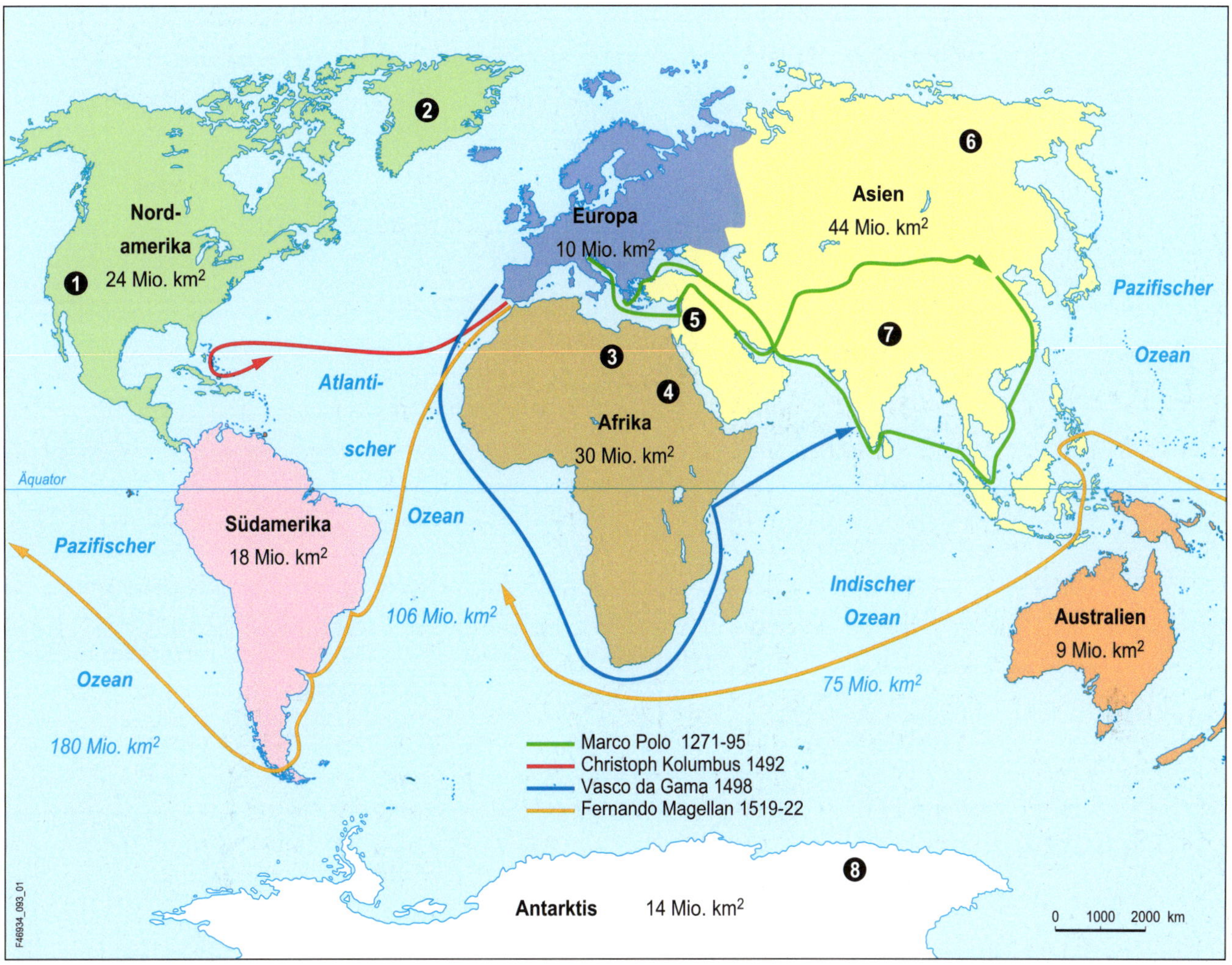

Übrigens

Rekorde der Erde

Weißt du, wie der höchste Berg heißt, die größte Schlucht oder der längste Fluss? Diese und noch andere Rekorde der Erde sind hier zusammengestellt. Die Zahlen in der Karte zeigen dir, auf welchem Kontinent sie sich befinden.

❶ Die größte Schlucht ist der Grand Canyon.

❷ Die größte Insel ist Grönland. Grönland ist etwa sechsmal so groß wie Deutschland.

❸ Der bisher heißeste Ort ist Aziza in Libyen. Hier wurden schon 58 Grad Celsius Lufttemperatur gemessen.

❹ Der längste Fluss ist der Nil (6671 km).

❺ Im tiefsten Tal liegt das Tote Meer (392 m unter dem Meeresspiegel).

❻ Der kälteste bewohnte Ort heißt Oimjakon und liegt in Sibirien. 77,8 Grad Celsius unter null wurden hier bereits gemessen.

❼ Im Himalaja liegt der höchste Berg, der Mount Everest (8848 m).

❽ Der kälteste Ort auf der Erde ist die Forschungsstation Wostok. Hier wurden schon einmal minus 88,3 Grad Celsius Lufttemperatur gemessen.

(5) Suche die Orte auf der Karte und benenne die Kontinente, auf denen sie sich befinden.

Weltkarte

kleine Staaten und ihre Hauptstadt

1 Albanien / Tirana
2 Äquatorialguinea / Malabo
3 Armenien / Jerewan
4 Aserbaidschan / Baku
5 Bahrain / Manama
6 Belgien / Brüssel
7 Benin / Porto Novo
8 Bhutan / Thimphu
9 Bosnien und Herzegowina / Sarajevo
10 Bulgarien / Sofia
11 Burkina Faso / Ouagadougou
12 Burundi / Bujumbura
13 Dänemark / Kopenhagen
14 Elfenbeinküste / Yamoussoukro
15 Eritrea / Asmara
16 Estland / Tallinn
17 Gambia / Banjul
18 Guinea-Bissau / Bissau
19 Israel / Jerusalem
20 Jordanien / Amman
21 Katar / Doha
22 Kosovo / Prishtina
23 Kroatien / Zagreb
24 Kuwait / Kuwait-Stadt
25 Lesotho / Maseru
26 Lettland / Riga
27 Libanon / Beirut
28 Litauen / Vilnius
29 Luxemburg / Luxemburg
30 Mazedonien / Skopje
31 Moldawien / Chişinău
32 Montenegro / Podgorica
33 Niederlande / Amsterdam
34 Österreich / Wien
35 Ruanda / Kigali
36 Schweiz / Bern
37 Serbien / Belgrad
38 Sierra Leone / Freetown
39 Slowakei / Bratislava
40 Slowenien / Ljubljana
41 Swasiland / Mbabane
42 Togo / Lomé
43 Tschechien / Prag
44 Ungarn / Budapest
45 Zypern / Nikosia

RUSSLAND
FINNLAND
Helsinki
Moskau
Minsk
WEISSRUSSLAND
POLEN
Warschau
Kiew
UKRAINE
RUMÄNIEN
Bukarest
GEORGIEN
Tiflis
Ankara
TÜRKEI
Athen
GRIECHEN-
LAND
KASACHSTAN
Astana
USBEKISTAN
Taschkent
Bischkek
KIRGISISTAN
Duschanbe
TADSCHIKISTAN
TURKMENISTAN
Asgabad
Ulan-Bator
MONGOLEI
Peking
Pjöngjang
NORD-
KOREA
Seoul
SÜD-
JAPAN
Tokio
CHINA
SYRIEN
Damaskus
IRAK
Bagdad
Teheran
IRAN
Kabul
AFGHANISTAN
Islamabad
PAKISTAN
NEPAL
Kathmandu
Neu-Delhi
INDIEN
Dhaka
BANGLA-
DESCH
Naypyidaw
MYANMAR
Hanoi
LAOS
Vientiane
THAILAND
Bangkok
VIETNAM
Phnom Penh
KAMBODSCHA
Taipeh
TAIWAN
Manila
PHILIPPINEN
Pazifischer
Ozean
LIBYEN
Kairo
ÄGYPTEN
Riad
SAUDI-
ARABIEN
Abu Dhabi
VAE
Maskat
OMAN
Sana
JEMEN
DSCHIBUTI
TSCHAD
N'Djamena
Khartum
SUDAN
Addis
Abeba
ÄTHIOPIEN
ZENTRAL-
AFRIKA
Bangui
SÜD-
SUDAN
Juba
SOMALIA
Mogadischu
UGANDA
Kampala
KENIA
Nairobi
D. R. KONGO
Kinshasa
Dodoma
TANSANIA
ANGOLA
MALAWI
Lilongwe
SAMBIA
Lusaka
Harare
SIMBABWE
MOSAMBIK
Antananarivo
MADAGASKAR
BOTSWANA
Gaborone
Pretoria
Maputo
SÜDAFRIKA
Colombo
SRI LANKA
Indischer
Ozean
BRUNEI
Kuala Lumpur
MALAYSIA
SINGAPUR
Äquator
INDONESIEN
Jakarta
Dili
OSTTIMOR
PAPUA-
NEUGUINEA
Port
Moresby
AUSTRALIEN
Canberra
NEUSEELAND
Wellington
F40759_102_01
Hauptstadt
Staatsgrenze
0
1000
2000 km
Maßstab 1 : 70 Mio.

So leben Kinder in anderen Ländern

Mit dem Ruderboot zur Schule
Auf dem Titicacasee in Peru leben Menschen auf schwimmenden Inseln aus Schilf. Auf manchen dieser Inseln wohnen nur eine oder zwei Familien. Die Kinder müssen mit dem Ruderboot zur Schule fahren. Diese befindet sich auf einer Insel mitten im See.

Die Fahrt ist für die Kinder nicht ungefährlich. Besonders wenn Sturm aufkommt, werden die Wellen im See so hoch, dass die kleinen Boote kentern können. Für einige Kinder beträgt die Fahrzeit zur Schule zwei Stunden. Manche fahren alleine, andere teilen sich ein Boot und bilden eine Fahrgemeinschaft.
Trotz der Strapazen ist es für die Kinder wichtig, in die Schule zu gehen. Sie lernen lesen und schreiben und können später einen Beruf erlernen.

Durch die Savanne zum Unterricht
Die Massai in Kenia sind Hirten und züchten Rinder und Ziegen. Lange Zeit gab es bei den Massai keine Schule. Alle wichtigen Dinge lernten die Kinder von ihren Eltern, aber fast keiner konnte lesen und schreiben. Heute gibt es Schulen. Trotzdem schicken die Familien oft nur ein Kind zur Schule, da sie nicht für alle Kinder Schulbücher, Stifte und Hefte kaufen können. Außerdem müssen die Kinder beim Hüten der Tiere helfen. Viele Kinder haben einen weiten Schulweg. Da es keinen Schulbus gibt, müssen sie zum Teil mehr als zehn Kilometer zu Fuß gehen. Die Wege durch die Savanne liegen meist in der Sonne und es ist über 30° C heiß. Eine Gefahr für die Kinder sind Wildtiere: Elefanten, Löwen und Hyänen kreuzen den Schulweg. Die Kinder müssen gut aufpassen, damit ihnen nichts passiert.

■ Kinder haben Rechte, Seite 18/19
■ Politische Weltkarte, Seite 98/99

Ein Leben auf der Straße
In den großen Städten Indiens gibt es viele Kinder, die auf der Straße leben. Manche wurden von ihren Familien verstoßen, andere sind von zu Hause fortgelaufen. Um zu überleben, müssen sie für sich selbst sorgen. Viele Kinder sammeln auf einem Müllplatz Alteisen, Stoffreste oder Plastikteile, die sie für kleine Geldbeträge verkaufen. Zum Alltag vieler Straßenkinder zählen Bedrohungen und Gewalt.

Die Straßenkinder haben kein festes Zuhause, sondern müssen sich einen Platz zum Schlafen suchen. Sie übernachten an Straßenrändern, unter Brücken oder in einfachen Kisten. Das Leben der Kinder ist voller Unsicherheiten und Gefahren. Viele werden krank oder sterben an Verletzungen. Wenn sie Glück haben, finden sie eine Einrichtung, die sich um Straßenkinder kümmert. Dort erhalten sie zu essen und zu trinken und vielleicht können sie dort sogar lesen und schreiben oder ein Handwerk erlernen.

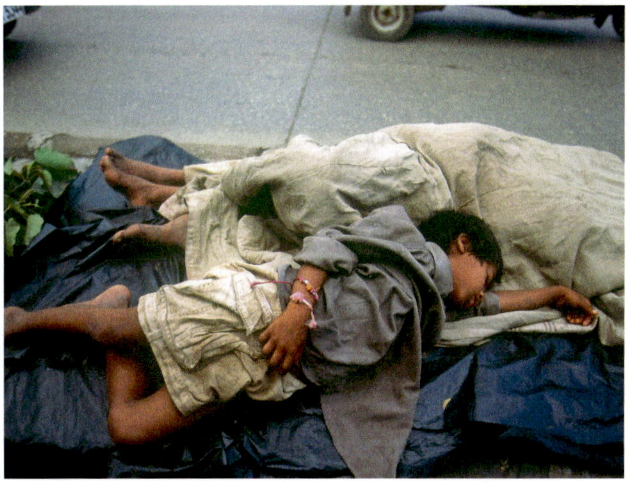

(1) Findet die Länder Peru, Kenia und Indien auf der Politischen Weltkarte Seite 98/99.

(2) Notiert, auf welchen Kontinenten diese Länder liegen und wie die Nachbarländer heißen.

(3) Wie leben die auf dieser Doppelseite vorgestellten Kinder? Schreibe die Besonderheiten in Stichpunkten auf.

(4) Vergleicht die beschriebenen Lebensweisen der Kinder mit eurer eigenen Lebensweise. Stellt euch vor, ihr würdet so leben wie diese Kinder. Vermutet, was ihr als gut, spannend, bedrückend oder gefährlich empfinden würdet.

(5) Beschafft euch weitere Informationen über das Leben von Kindern in anderen Ländern. Recherchiert im Internet oder befragt Kinder, die aus anderen Ländern zu uns gekommen sind.

(6) Erstellt zum Thema „So leben Kinder in anderen Ländern" eine Ausstellung.

(7) Informiert euch über die Arbeit von Hilfsorganisationen, die zum Beispiel in armen Ländern Einrichtungen und Schulen für Kinder bauen. Vielleicht ist es euch möglich, ein solches Projekt zu unterstützen.

Rechts vor links

Kathi will an dieser Einmündung geradeaus weiterfahren. Hier regeln keine Verkehrszeichen die Vorfahrt. Daher gilt die Grundregel der Vorfahrt: rechts vor links. Kathi muss also dem silbernen Auto, das von rechts kommt, die Vorfahrt lassen. Erst dann darf sie vorsichtig weiterfahren.
(Der Fachbegriff für ein Auto lautet Personenkraftwagen = Pkw).

An dieser Kreuzung regeln keine Verkehrszeichen die Vorfahrt. Klara will nach links abbiegen. Sie muss warten, weil für sie der Motorradfahrer von rechts kommt. Für den Motorradfahrer kommt aber der Pkw von rechts. Daher darf zuerst der Pkw die Kreuzung überqueren, dann der Motorradfahrer und zuletzt kann Klara nach links abbiegen.

Auch an dieser Kreuzung gilt: rechts vor links! Zuerst darf der Radfahrer die Kreuzung überqueren, dann der rote Pkw und zum Schluss der blaue Pkw.

Achtung! Nicht überall gilt: rechts vor links, wenn keine Verkehrszeichen vorhanden sind. An Ausfahrten und Feldwegen haben die Fahrzeuge auf der Hauptstraße die Vorfahrt.

Rechts vor links!
Wenn keine Verkehrszeichen, keine Ampeln oder kein Polizist die Vorfahrt regeln, dann gilt an Einmündungen und Kreuzungen die Grundregel der Vorfahrt: **rechts vor links!**

1. In welcher Reihenfolge dürfen die Fahrzeuge hier fahren? Begründet.
2. Zeichnet selbst Verkehrssituationen, in denen die Regel rechts vor links gilt, und besprecht diese in der Klasse. Verwendet dazu die Vogelsicht.

Verkehrszeichen

Diese Verkehrszeichen regeln die Vorfahrt.

Halt! Vorfahrt gewähren! · Vorfahrt gewähren! · Vorfahrtsstraße · Vorfahrt an der nächsten Kreuzung oder Einmündung · Kreuzung oder Einmündung mit Vorfahrt von rechts · Zusatzschild: Abknickende Vorfahrt · Ende der Vorfahrtstraße

Diese Zeichen geben an, wie weitergefahren werden muss.

Einbahnstraße · links vorbeifahren · rechts oder geradeaus · Fahrtrichtung „rechts“

Diese Zeichen weisen auf Verbote hin.

Verbot der Einfahrt · **Verbot** für Radfahrer · Dem Gegenverkehr Vorrang gewähren! · Absolutes Halteverbot

Zeichen für Sonderwege

Radweg · Getrennter Rad- und Fußweg · Gemeinsamer Fuß- und Radweg · Fußweg

Wichtige Richtzeichen

Fußgängerüberweg · Vorrang vor dem Gegenverkehr · Verkehrsberuhigter Bereich

Solche Zeichen machen auf Gefahren aufmerksam.

Baustelle · Fußgänger · Einseitig (rechts) verengte Fahrbahn · Unebene Fahrbahn · Kinder · Unbeschrankter Bahnübergang · Lichtzeichenanlage (Ampel)

Ampelzeichen und Polizeibeamte

nicht fahren · fahrbereit machen · fahren · Achtung! Anhalten!

Vorbeifahren an haltenden Fahrzeugen

So fährst du mit deinem Fahrrad richtig an einem haltenden Fahrzeug vorbei.

Ein Lastwagen steht auf der rechten Straßenseite und versperrt den Weg. Max schaut über die linke Schulter nach hinten, weil nachfolgende Fahrzeuge zu einer Gefahr werden könnten.

1. umsehen

Wenn sich von hinten keine schnelleren Fahrzeuge nähern, gibt Max links Handzeichen, um den Spurwechsel anzukündigen.

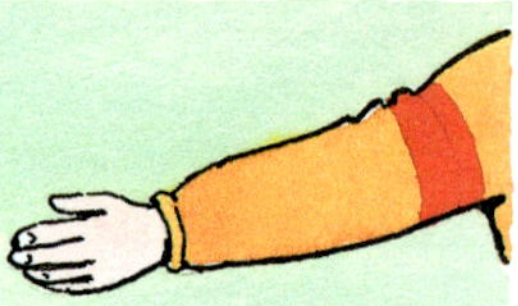

2. Handzeichen

Max ordnet sich zum Sichtpunkt ein, damit er am Lastwagen vorbeisehen kann. Er stellt fest, ob Gegenverkehr kommt.

3. einordnen und Gegenverkehr beachten

Max hat sich überzeugt, dass kein Gegenverkehr kommt. Er schaut sich erneut über die linke Schulter um und fährt im Sicherheitsabstand von etwa einem Meter am Lastwagen vorbei.

4. vorbeifahren

Wenn rechts kein Hindernis ist, gibt Max rechts Handzeichen und ordnet sich am Fahrbahnrand ein.

5. wieder einordnen

(1) Schreibe in fünf Sätzen auf, wie du richtig an einem haltenden Fahrzeug vorbeifährst.

■ Verhalten an Engpässen und Baustellen, Seite 105
■ Linksabbiegen an einer Einmündung ohne Verkehrszeichen, Seite 106
■ Linksabbiegen an einer Kreuzung ohne Vorfahrtszeichen, Seite 107

Verhalten an Engpässen und Baustellen

An dieser Unterführung darf der Radfahrer weiterfahren, denn

das Verkehrszeichen 

bedeutet: Vorrang vor dem Gegenverkehr.

Er muss allerdings sehr aufmerksam und vorsichtig sein. In der dunklen Unterführung kann er schlecht von den Fahrern entgegenkommender Fahrzeuge gesehen werden.

Eine Radfahrerin nähert sich einer Baustelle. Verkehrszeichen helfen ihr dabei, sich in dieser Situation richtig zu verhalten.

Das Verkehrszeichen 

bedeutet: Dem Gegenverkehr Vorrang gewähren.

Deshalb muss die Radfahrerin am Sichtpunkt vor der Baustelle warten, wenn Gegenverkehr kommt.

(1) Schreibe auf, was die einzelnen Verkehrszeichen bedeuten, die die Radfahrerin sieht.

a)  b)  c) 

Eine Autofahrerin nähert sich der Baustelle von der anderen Seite. Sie sieht verschiedene Verkehrszeichen. Eines davon gibt ihr Vorrang vor dem Gegenverkehr.

(2) Beschreibe die beiden Verkehrszeichen, die die Autofahrerin sieht.

a)  b) 

(3) Nenne Hindernisse, die an einer Baustelle plötzlich auftauchen können.

(4) Beschreibe in fünf Sätzen, was beim Vorbeifahren an einer Baustelle zu beachten ist. Vergleiche mit dem Vorbeifahren an haltenden Fahrzeugen auf Seite 104.

Linksabbiegen an einer Einmündung ohne Verkehrszeichen

Das Linksabbiegen erfordert viel Aufmerksamkeit, weil man dabei die Fahrspur anderer Verkehrsteilnehmer kreuzt. Außerdem müssen Vorfahrt und Fußgänger beachtet werden. Deshalb ist es wichtig, die einzelnen Schritte genau zu kennen.

(1) Decke die Zeichnung ab und nenne die einzelnen Schritte der Reihe nach.

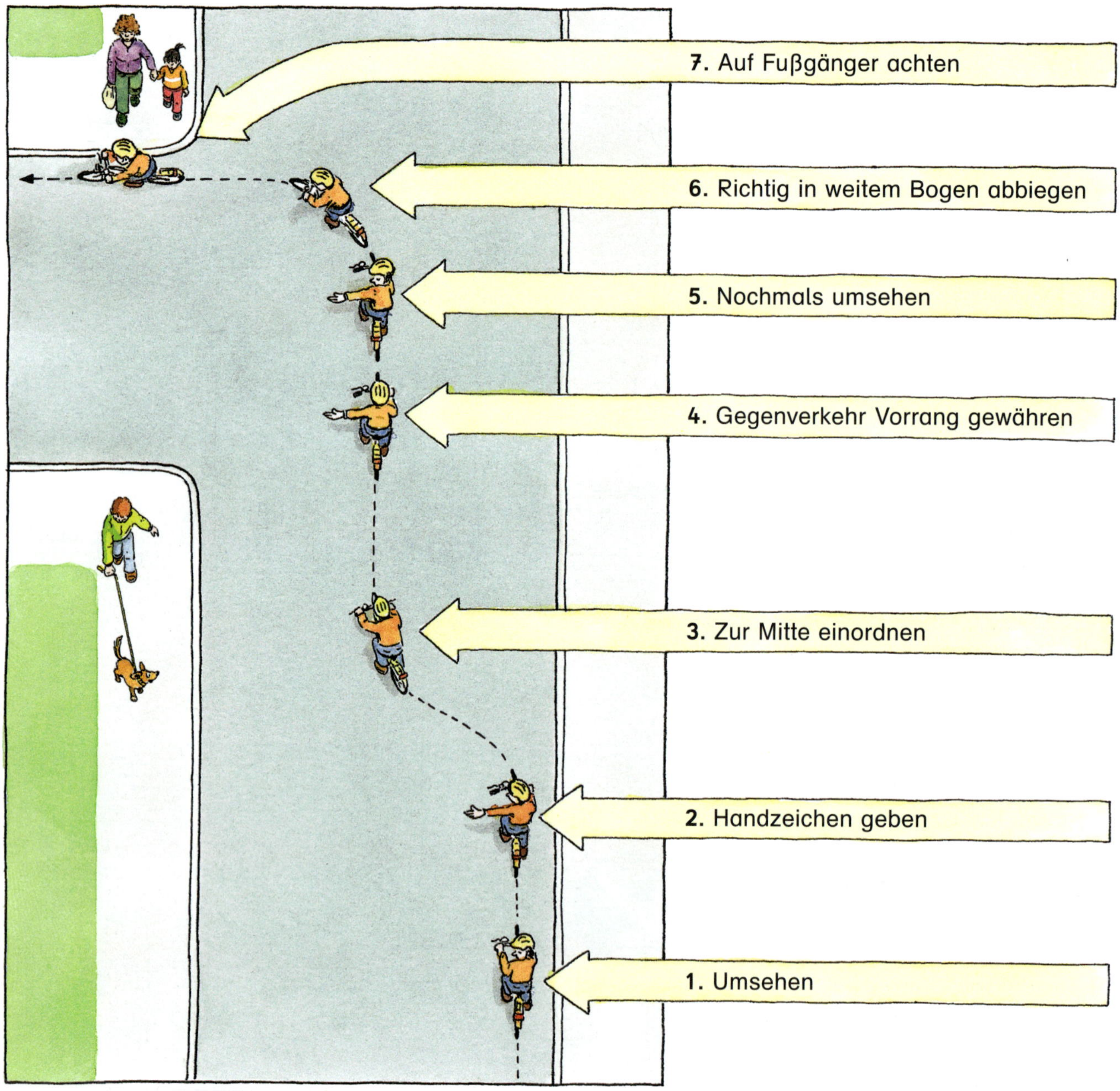

Linksabbiegen aus einer schmalen Einbahnstraße

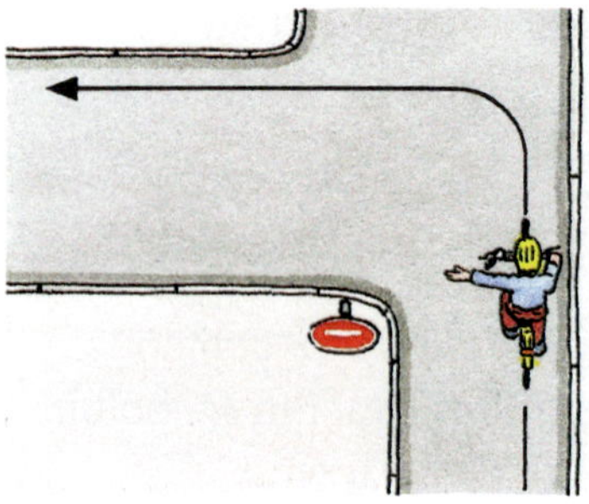

Kadir fährt in einer Einbahnstraße. Er will links abbiegen. Weil die Straße so schmal ist, darf er sich nicht zur Mitte hin einordnen. Er würde schnellere Verkehrsteilnehmer behindern. Er bleibt zum Abbiegen auf der rechten Seite.

(2) Welchen der sieben Schritte lässt Kadir aus?

(3) Nenne die sechs Schritte beim Linksabbiegen aus einer schmalen Einbahnstraße.

- Verhalten an Engpässen und Baustellen, Seite 105
- Linksabbiegen an einer Kreuzung ohne Vorfahrtszeichen, Seite 107
- Linksabbiegen auf die sichere Art, Seite 112

Linksabbiegen an einer Kreuzung ohne Vorfahrtszeichen

Das Linksabbiegen an einer Kreuzung ohne Vorfahrtszeichen erfolgt in drei Abschnitten:
A Einordnen – B Vorfahrt und Gegenverkehr – C Abbiegen. Beginne unten auf der Seite bei A.

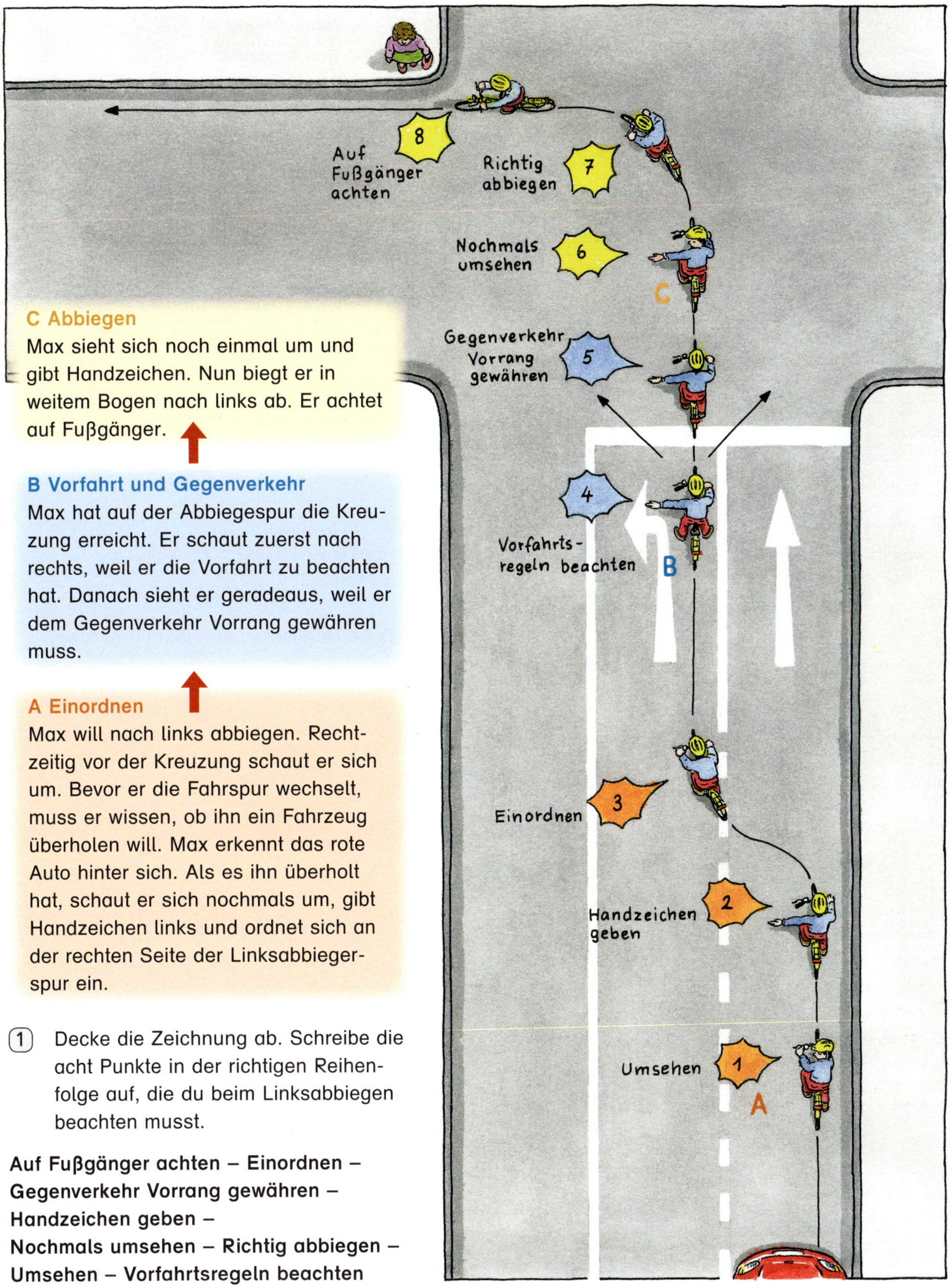

C Abbiegen
Max sieht sich noch einmal um und gibt Handzeichen. Nun biegt er in weitem Bogen nach links ab. Er achtet auf Fußgänger.

B Vorfahrt und Gegenverkehr
Max hat auf der Abbiegespur die Kreuzung erreicht. Er schaut zuerst nach rechts, weil er die Vorfahrt zu beachten hat. Danach sieht er geradeaus, weil er dem Gegenverkehr Vorrang gewähren muss.

A Einordnen
Max will nach links abbiegen. Rechtzeitig vor der Kreuzung schaut er sich um. Bevor er die Fahrspur wechselt, muss er wissen, ob ihn ein Fahrzeug überholen will. Max erkennt das rote Auto hinter sich. Als es ihn überholt hat, schaut er sich nochmals um, gibt Handzeichen links und ordnet sich an der rechten Seite der Linksabbiegerspur ein.

1. Decke die Zeichnung ab. Schreibe die acht Punkte in der richtigen Reihenfolge auf, die du beim Linksabbiegen beachten musst.

Auf Fußgänger achten – Einordnen –
Gegenverkehr Vorrang gewähren –
Handzeichen geben –
Nochmals umsehen – Richtig abbiegen –
Umsehen – Vorfahrtsregeln beachten

■ Linksabbiegen an einer Einmündung ohne Verkehrszeichen, Seite 106

Linksabbiegen auf die sichere Art

... an einer Einmündung

An dieser Einmündung gibt es mehrere Möglichkeiten, nach links abzubiegen. Andrea fährt schon sehr sicher mit dem Rad. Sie benutzt die Linksabbiegerspur (Punkt A). Nachdem sie die Vorfahrt und den Gegenverkehr beachtet hat, biegt sie in weitem Bogen ab und achtet auf Fußgänger. Martin wählt einen sicheren Weg (Punkt B). Er fährt geradeaus weiter und hält dann bei Punkt C vorschriftsmäßig an. Nun schiebt er das Fahrrad über die Straße. Bei Punkt D setzt er seine Fahrt unter Beachtung der Verkehrsregeln fort.

(1) Nenne die Vorteile für Martin.

... an einer Kreuzung

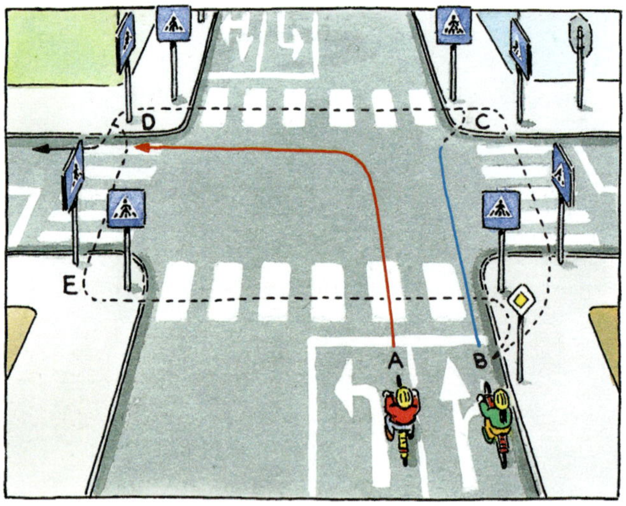

An dieser Kreuzung gibt es mehrere Möglichkeiten, nach links abzubiegen. Fabian entscheidet sich für die Linksabbiegerspur, während Svenja einen sicheren Weg wählt.

(2) Beschreibe die drei sicheren Möglichkeiten, an dieser Kreuzung nach links abzubiegen.

(3) Welche Möglichkeit würdest du wählen? Begründe deine Wahl.

... aus einer Einbahnstraße

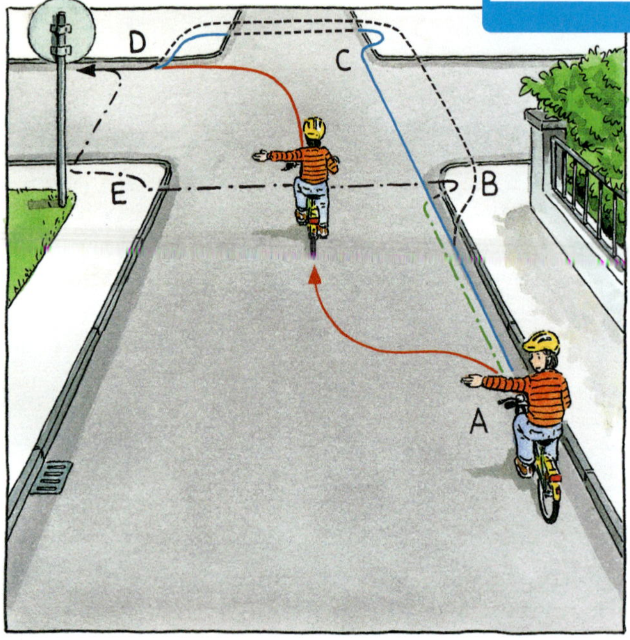

Auch in Einbahnstraßen kann man auf unterschiedliche Art nach links abbiegen.

(4) Beschreibe die vier Möglichkeiten, an dieser Kreuzung nach links abzubiegen.

(5) Entscheide dich für eine Lösung und nenne die Punkte, die der Reihe nach zu beachten sind.

■ Linksabbiegen an einer Einmündung ohne Verkehrszeichen, Seite 106

■ Linksabbiegen an einer Kreuzung ohne Vorfahrtszeichen, Seite 107

Abknickende Vorfahrtsstraßen

Florian fährt auf der abknickenden Vorfahrtsstraße und will auf ihr nach links abbiegen. Er gibt Handzeichen nach links und darf, ohne anzuhalten, weiterfahren, denn er hat Vorfahrt. Er verhält sich aber dennoch vorsichtig und achtet auf die anderen Verkehrsteilnehmer.

Maren will hier nach links in die abknickende Vorfahrtsstraße einbiegen und gibt rechtzeitig Handzeichen nach links. Sie muss die Vorfahrt beachten und warten, bis die Straße frei ist. Dann biegt Maren vorschriftsmäßig ab.

(1) Welche Möglichkeit hätte Maren noch, hier sicher nach links abzubiegen?

Anne will geradeaus in die abknickende Vorfahrtsstraße fahren. Sie bleibt am rechten Fahrbahnrand und beachtet die Vorfahrt. Wenn die Vorfahrtsstraße frei ist, fährt sie in diese ein.

Ein Radfahrer fährt auf der Vorfahrtsstraße.

(2) Beschreibe, in welche Richtung die Fahrzeuge an dieser Kreuzung fahren wollen. Woran erkennst du, wohin sie fahren wollen?

(3) Welche Fahrzeuge dürfen weiterfahren, ohne zu warten? Welches Fahrzeug muss warten? Begründe deine Antwort.

Wir bauen eine Balkenwaage

Waagen sind Messgeräte zur Bestimmung des Gewichtes (der Masse) von Gegenständen, Lebensmitteln, Menschen oder Tieren. Zu den ersten Waagen gehörten die Balkenwaagen. Sie können sehr genau wiegen. In Apotheken werden sie heute noch zur Herstellung von Arzneimitteln wie Pulver, Kapseln oder Heiltees eingesetzt.

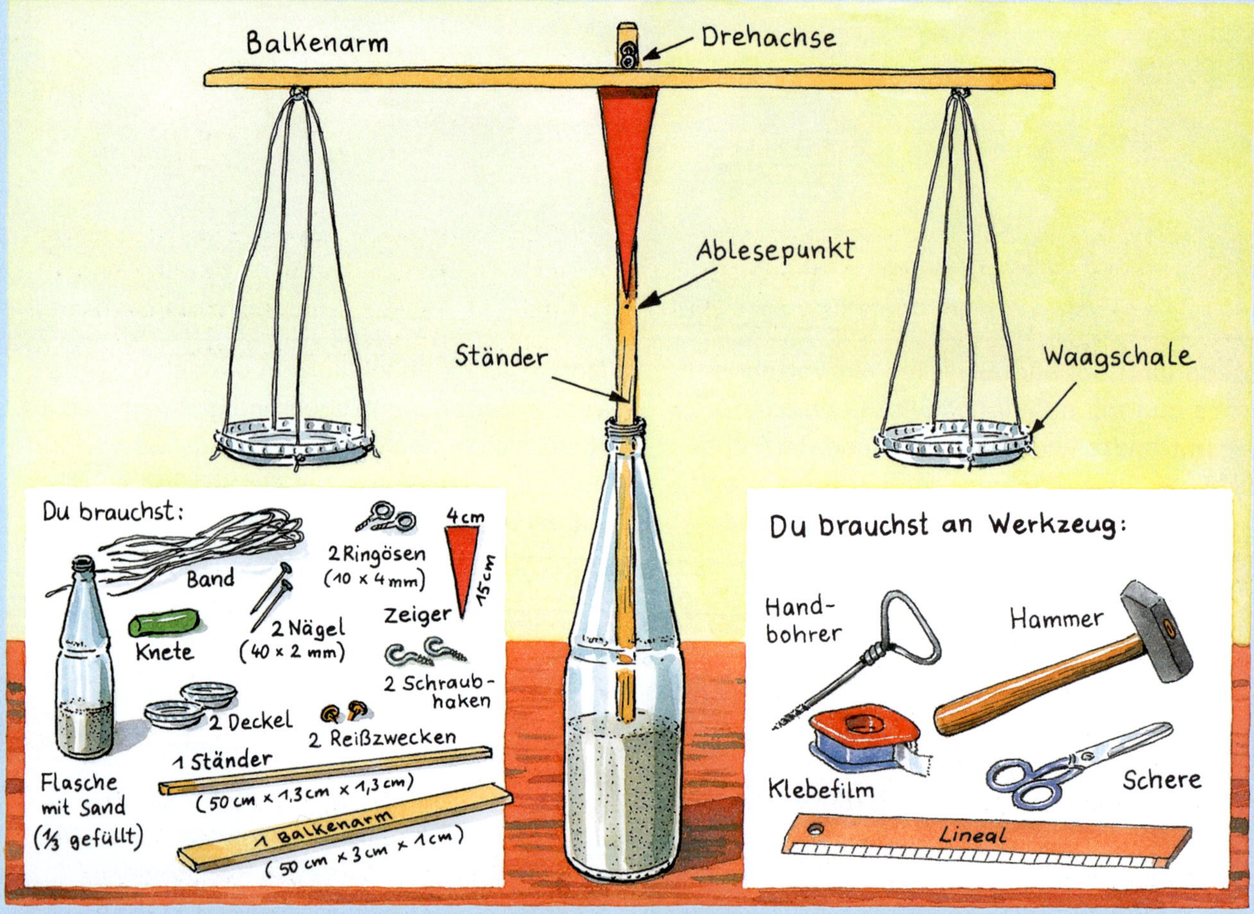

1. Lege dir die Materialien und das Werkzeug bereit.

2. Bohre in die Ständerleiste 2 cm vom Ende mittig ein kleines Loch. Schlage hier den Nagel ein.

3. Fülle die Flasche etwa zu einem Drittel mit Sand. Lege die Flasche auf die Seite. Stecke die Ständerleiste durch den Flaschenhals. Stelle die Flasche wieder auf. Sollte der Ständer wackeln, verkante ihn mit Papier.

4 Miss die Mitte vom Balkenarm aus. Schraube im Abstand von 5 mm von der Außenkante die beiden Ringösen ein. Bohre die Löcher in der Mitte vor.

5 Schraube auf die andere Seite vom Balkenarm im Abstand von 5 cm von den Enden mittig die beiden Schraubhaken ein. Bohre die Löcher eventuell kurz vor.

6 Schneide aus Tonpapier den dreieckigen Zeiger. Er ist 4 cm breit und bis zur Spitze 15 cm lang.
Befestige den Zeiger mit den Reißzwecken in der Mitte des Balkenarms.

7 Baue nun die Waagschalen. Teile den Deckel in Viertel. Markiere die Bohrstellen. Stich mit dem Bohrer in die Kante vier Löcher. Ziehe durch jedes Loch einen ca. 20 cm langen Faden. Verknote die Enden.

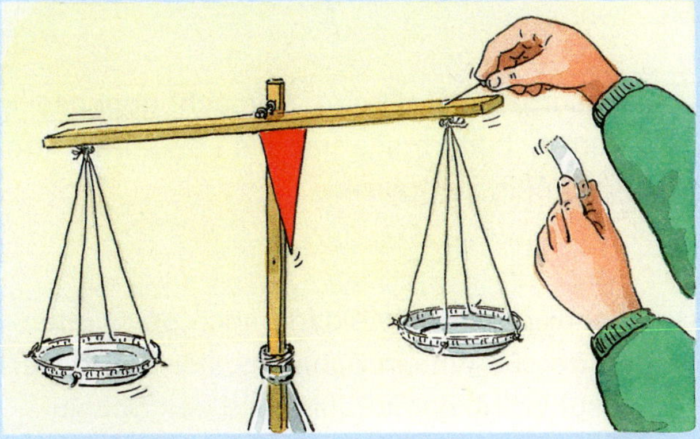

8 Hänge den Balkenarm und die Waagschalen ein. Lege zum Ausrichten des Balkenarms einen Nagel auf die höher stehende Seite. Ist der Zeiger in der Mitte des Ständers, wird der Nagel mit einem Klebefilm befestigt.

9 Stelle Gewichte aus Knete her. Benutze verschiedene Farben. Lege ein echtes Gewicht in eine Waagschale und wiege die entsprechende Menge in Knete ab.
Du benötigst Gewichte von 1 g, 2 g, 5 g, 10 g, 50 g und 100 g.

In der Schneiderei

In der Schneiderei

Der Beruf der Maßschneiderin/des Maßschneiders ist ein Handwerksberuf. Im Gegensatz zu der in der Industrie in Massenproduktion hergestellten Kleidung, fertigt die Maßschneiderin oder der Maßschneider Einzelstücke an. Nach den individuellen Wünschen jeder einzelnen Kundin, jedes einzelnen Kunden fertigen sie zum Beispiel ein Kleid oder einen Anzug an. Kundinnen und Kunden, die in einer Maßschneiderei Kleidung kaufen, wünschen meist etwas Besonderes oder finden im Angebot der Bekleidungsgeschäfte keine für ihre Körperform passenden Kleidungsstücke.

Skizzen

Stoffauswahl

Um den persönlichen Geschmack der Kundin zu erkennen, fragt die Maßschneiderin diese nach ihren Vorstellungen. Oft legt sie der Kundin Fotos oder Skizzen von verschiedenen Kleidermodellen zur Auswahl vor.
Die Maßschneiderin berät die Kundin sachkundig auch bei der Auswahl des Stoffes, der Farbe, der Knöpfe und anderer Kleinteile, damit das gewünschte Kleid auch zu Persönlichkeit der Kundin passt.

Maß nehmen

Nun nimmt die Schneiderin Maß. Mit einem Maßband misst sie bei der Kundin zum Beispiel die Armlänge, den Umfang der Taille und der Hüfte, die Rückenlänge usw. und notiert die Messwerte.

(1) Besorgt ein Maßband. Versucht gegenseitig eure Schulterbreite und die Länge der Arme sorgfältig zu messen.

Schnittmuster übertragen

Dann entwirft die Schneiderin nach den Körpermaßen der Kundin ein Schnittmuster auf Papier. Die ausgeschnittenen Papierteile des Schnittmusters werden auf den ausgewählten Stoff gelegt. Mit Schneiderkreide werden die Umrisse der Teile umfahren. So wird das Schnittmuster auf den Stoff übertragen. Nun wird der Stoff entsprechend dem Schnittmuster zugeschnitten.

■ Wie eine Jeans entsteht (1), Seite 114/115
■ Wie eine Jeans entsteht (2), Seite 116/117

Bei der Anprobe des Kleidungsstückes sind die Teile meist nur so leicht zusammengenäht, dass noch Änderungen vorgenommen werden können. Ein zu weites Oberteil kann zum Beispiel enger abgesteckt werden.
Erst wenn das Kleidungsstück vollständig angepasst wurde, kann es angefertigt werden.

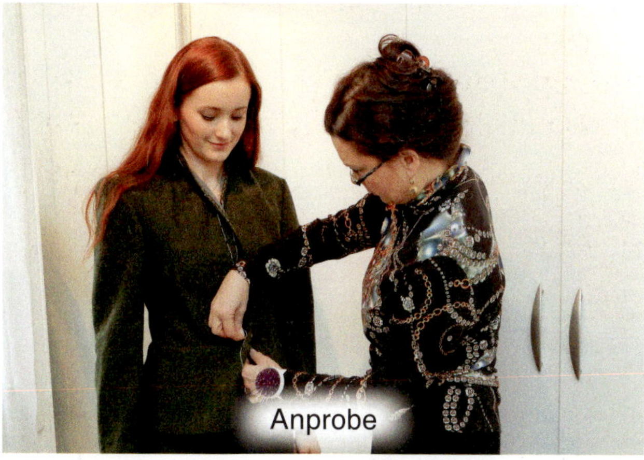
Anprobe

Nun werden die Teile endgültig zusammengenäht, der Reißverschluss eingesetzt, die Knöpfe angenäht und vieles mehr.
Da der Stoff durch die Fertigung oft zerknittert ist, wird das Kleidungsstück zum Schluss sorgfältig gebügelt.

nähen

bügeln

Die fertige Jacke ist für die Maßschneiderin und die Kundin etwas Besonderes. Beide freuen sich über das gelungene Einzelstück.
Eine solche Jacke ist deutlich teurer als eine Jacke aus der Massenfertigung. Die Herstellung von Einzelstücken erfordert qualifizierte Fachkräfte und wesentlich mehr Arbeitszeit.

(2) Beschreibt und erklärt die einzelnen Arbeitsschritte der Maßschneiderin bei der Anfertigung eines Kleides nach den Wünschen einer Kundin.

(3) Vergleicht die handwerkliche Fertigung eines Kleidungsstückes mit der industriellen Massenproduktion von Kleidung (Seite 114 bis 117).

(4) Überlegt, wie sich die verschiedenen Produktionsarten auf die dort arbeitenden Menschen auswirken.

Übrigens

Auch in anderen Handwerksberufen wird nach Kundenwünschen gefertigt.

(5) Findet weitere Beispiele. Stellt den Beruf und die entsprechenden Produkte vor.

Wie eine Jeans entsteht (1)

Die Jeans ist sicher die am meisten verbreitete Hose. Frauen tragen sie, Männer tragen sie und Kinder auch. Ein Cowboy in Argentinien kann sie anhaben, eine Prinzessin in England oder ein Millionär in New York.
Sicher hast du auch schon eine Jeans getragen. Wie sie entsteht, kannst du hier erfahren.
Zur Fertigung einer Jeans sind über 100 Arbeitsschritte notwendig. Alles ist sorgfältig aufeinander abgestimmt. Eine Jeans entsteht dann in nur zwei Tagen.

Der Grundstoff für die Jeans ist die Baumwolle. Für die Ernte der Baumwolle werden oft große Maschinen eingesetzt.

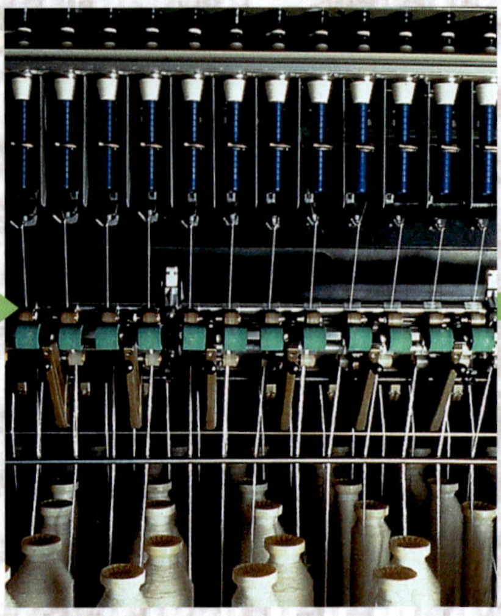

In großen Spinnmaschinen wird aus der Baumwolle der Faden gesponnen. Eine Jeans besteht aus vielen einzelnen Fäden.

Danach wird der Faden gefärbt, aber nur so, dass die Farbe außen sitzt. So kann sich der Stoff beim Waschen verändern.

Übrigens

Neben der Schafwolle ist die Baumwolle die wichtigste Naturfaser. Baumwolle wächst nur in Ländern mit warmem Klima, zum Beispiel in den USA, Ägypten oder Brasilien. Das Bild zeigt eine Baumwollkapsel. Wenn die Kapsel aufbricht, quellen die schneeweißen Samenhaare heraus.
Die Baumwolle wird mit großen Maschinen geerntet. Diese trennen die Samenfäden von der Baumwollpflanze. Danach müssen Baumwolle und die Samenkörner noch getrennt werden. Die Baumwolle wird zu großen Ballen gepresst und kann dann verschickt werden.

■ In der Schneiderei, Seite 112/113
■ Weltkarte, Seite 98/99

Bevor eine Jeans gefertigt wird, muss ein Modell entworfen werden. An Computern wird von Designern ein Entwurf gemacht. Das Modell wird dann in den Einzelteilen auf weißem Papier ausgedruckt. Das Papier wird anschließend auf Stoffbahnen gelegt, aus denen die Jeansteile dann ausgeschnitten werden. Es wird dabei sehr darauf geachtet, dass wenig Abfall entsteht.

Beim Weben wird aus den einzelnen Fäden der Stoff für die Jeans hergestellt.

Das Bild zeigt eine Näherin bei der Arbeit. Sie näht die weiße Innentasche in die Jeans ein. Diese ist nicht aus dem Jeansstoff. Die fertigen Teile sieht man auf der rechten Seite des Bildes.

Das Weben ist interessant. Ein Faden der Jeans ist gefärbt. Er heißt Kettfaden. Der andere Faden ist naturbelassen. Diesen nennt man Schussfaden. Drehe deine Jeans einmal um, dann kannst du das gut sehen, so wie auf dem Bild unten!

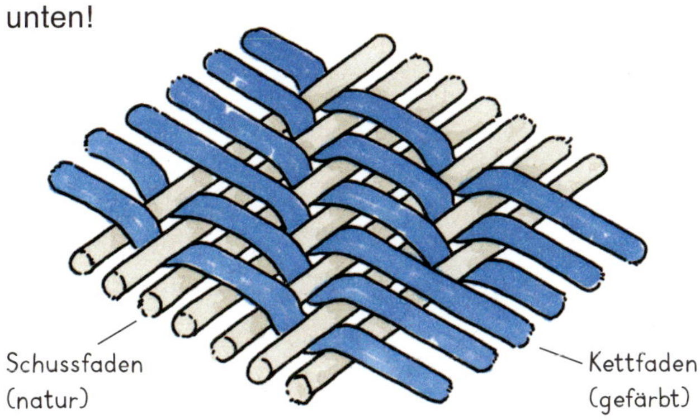

Wie eine Jeans entsteht (2)

Übrigens

Das Etikett enthält wichtige Angaben. „Jacky" heißt das Modell, die besondere Form dieser Jeans. 26 ist die Bundweite, 30 die Beinlänge in „inch". Das ist ein englisches Längenmaß (1 inch = 2,54 cm).
Die anderen Angaben betreffen die Pflege: Waschen bei 40 Grad, Bügeln möglich, die Jeans soll nicht in den Wäschetrockner.

Übe Englisch:
Baumwolle = cotton, Stil = style

Hier sind die Jeans bei einer Qualitätskontrolle. Die Frau prüft die Hose auf Fehler. Wenn sie Fehler findet, wird die Hose aussortiert. Vom Nähen stehen oft Fäden über, diese werden abgeschnitten.

Drei Frauen halten die genähte Hose. Deutlich erkennt man ein Jeans-Merkmal – die aufgenähten Gesäßtaschen. Bevor es eine echte Jeans wird, muss sie noch gewaschen werden.

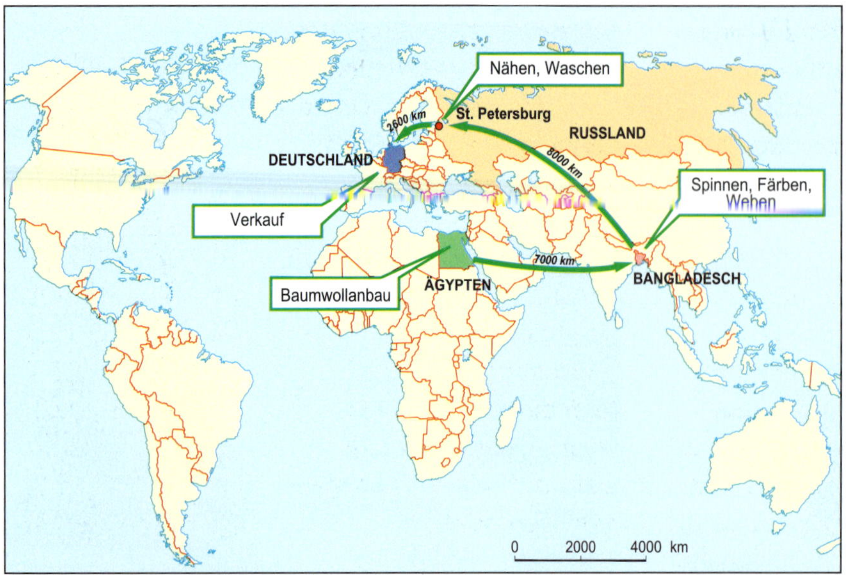

Bevor du deine Jeans im Laden in die Hand nehmen kannst, hat sie viele Kilometer zurückgelegt.

1. Rechne aus, wie weit die Jeans unterwegs war.
2. Nenne die Staaten, in denen die einzelnen Arbeitsschritte erfolgen.
3. Überlege, welche Probleme die weiten Transportwege verursachen.

■ In der Schneiderei, Seite 112/113
■ Weltkarte, Seite 98/99

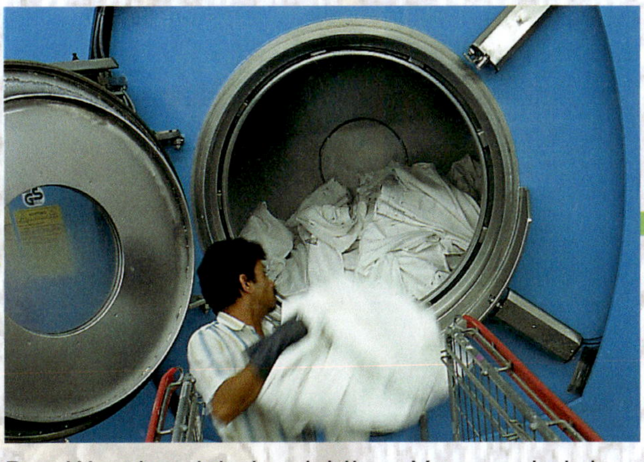

Das Waschen ist ein wichtiger Vorgang bei der Herstellung von Jeans. Davor sehen alle Jeans gleich aus. Durch unterschiedliche Waschverfahren erhalten sie ihr typisches Aussehen. Auf dem Bild kannst du eine Waschmaschine sehen, sie ist drei Meter hoch. In einer Waschhalle können bis zu 20 Maschinen stehen.

Die Jeans werden zusammen mit Bimssteinen gewaschen. Diese Steine schlagen beim Waschen immer wieder auf den Stoff.
In einer Waschmaschine sind 140 Jeans und 100 Kilogramm Steine. Die Jeans sehen vor dem Waschen leicht schwarz aus, wie man auf dem Bild sieht. Nach den unterschiedlichen Waschvorgängen unterscheiden sie sich deutlich voneinander.

Ein spezielles Aussehen bekommt die Jeans, wenn sie in Handarbeit mit einem Sandstrahl-Gerät bearbeitet wird. Sandgestrahlte Stellen sehen besonders gebraucht aus. Der Sand ist sehr fein und verbreitet sich überall. Deshalb trägt der Arbeiter eine Schutzbrille und einen Mundschutz.
Durch eine Behandlung mit Schleifpapier und Stahlbürste können Jeans einen weiteren „Spezial-Look" erhalten. Einzelne Teile bekommen ein besonderes Aussehen. Wieder wird jede Jeans einzeln bearbeitet. Sie kommt auf einen Gummischlauch, dieser wird aufgepumpt und hält die Hose fest.

Die extremste Behandlung, die eine Jeans erhalten kann, zerstört sie beinahe. Langes Waschen, Sandstrahlbearbeitung und Bürsten geben der Jeans ein ganz besonderes Aussehen. Destroyed-Wash heißt das Verfahren (vom englischen:
to destroy = zerstören,
wash = waschen). Sie sieht nun wie sehr lange getragen aus.

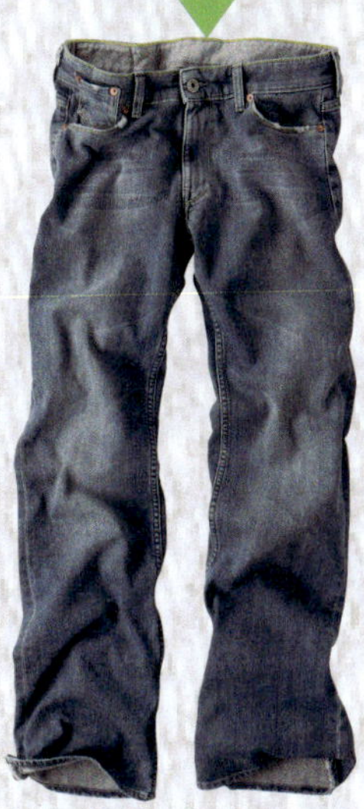

Mit Karten aus dem Internet arbeiten

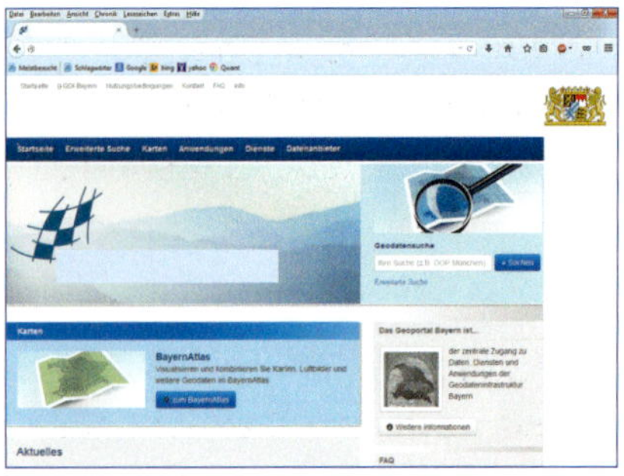

Die Kinder einer vierten Klasse fahren ins Schullandheim. Sie wollen herausfinden, wo genau ihr Aufenthaltsort liegt, über welche Strecke sie dorthin fahren werden und welche Sehenswürdigkeiten es in der Nähe gibt. Dazu rufen sie eine Internetadresse auf und gelangen auf die Eingangsseite.

(1) **Bayernatlas aufrufen**
Nach einem linken Mausklick auf das Symbol Atlas erscheint nach kurzer Zeit der Hauptbildschirm. Dann klicken sie auf …

(2) **Bayern in der Übersicht**
Dort können sie auf eine Ansicht wechseln, die ihnen das Land Bayern in einer kompletten Übersicht zeigt.

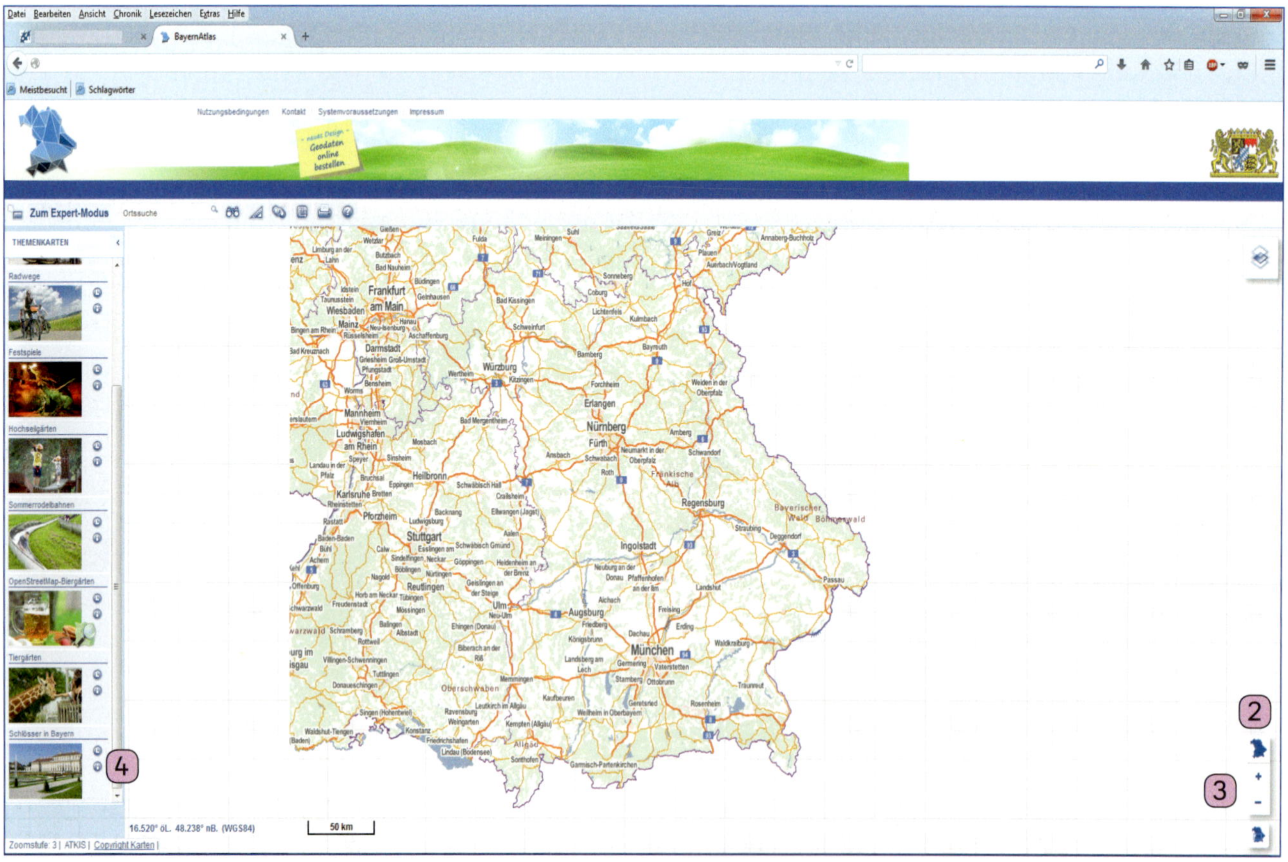

Nachdem sie sich auf der Karte orientiert und ihren Aufenthaltsort gefunden haben, möchten sie sich die Umgebung genauer anschauen. Dazu müssen sie die Karte vergrößern, sich in die Karte „hineinzoomen".

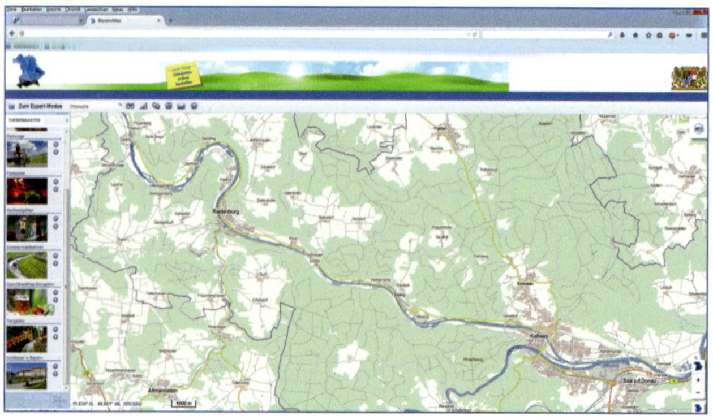

(3) **Karte vergrößern – hineinzoomen**
Mit einem Klick auf die Zoom-Funktion rechts unten [+] können sie die Karte vergrößern.
Wenn sie auf das [–] klicken, können sie die Karte auch wieder verkleinern.

Nun möchten sie mehr über die Umgebung erfahren. Über die unterschiedlichen Themenkarten in der linken Randleiste der Homepage finden sie heraus, dass es in der Umgebung mehrere interessante Ausflugsziele gibt.

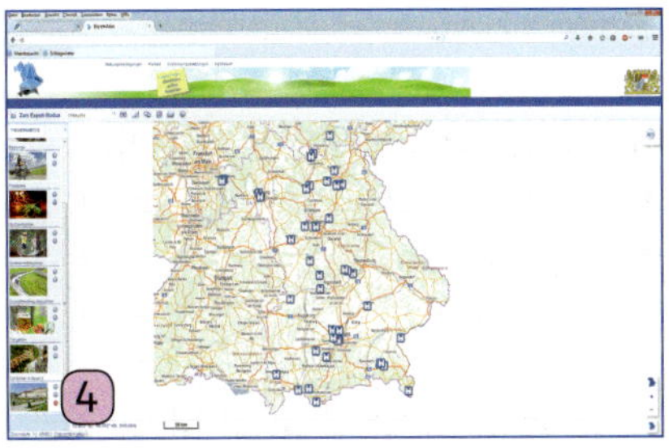

④ **Themenkarte aufrufen**
Durch den Klick auf den Link [Schlösser in Bayern] in der Spalte „Themenkarten" gelangen sie zu einer Übersicht der wichtigsten Schlösser Bayerns.

⑤ **Weitere Informationen abrufen**
Über einen Klick auf das „Schloss"-Symbol gelangen die Kinder zu weiteren Informationen.

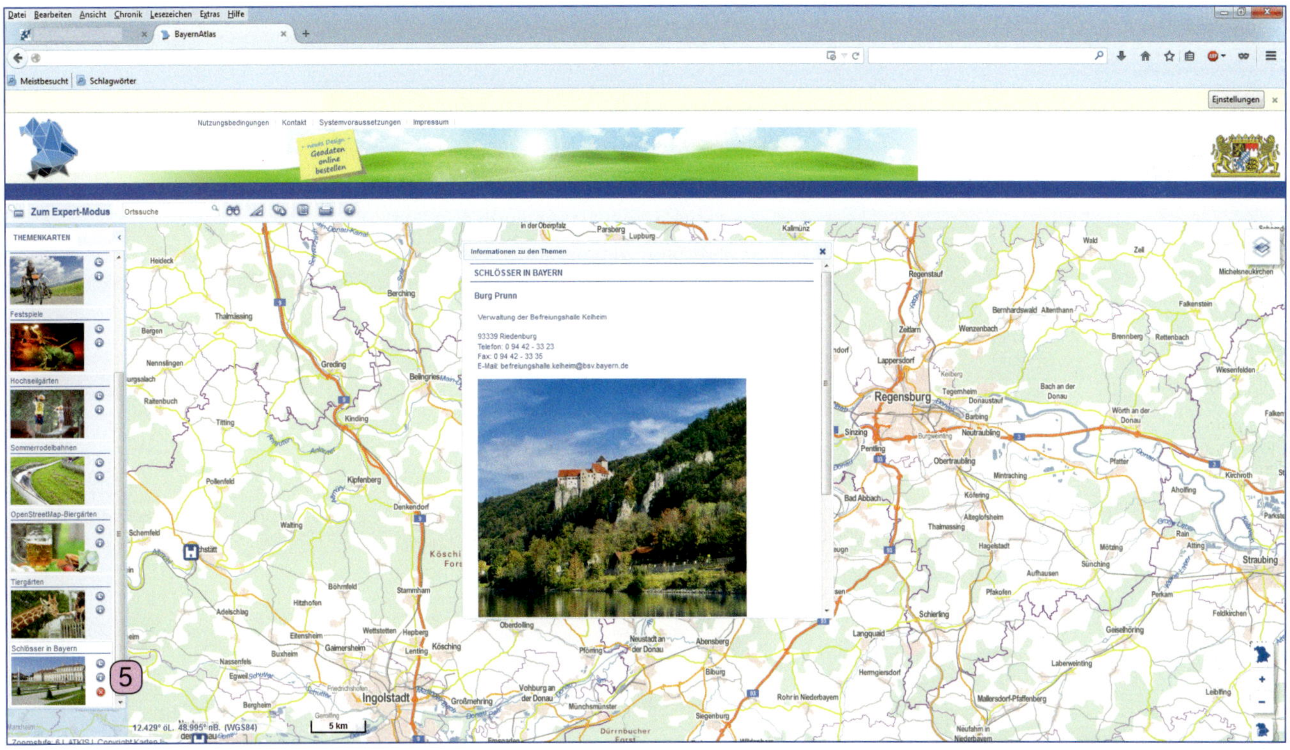

⑥ **Besondere Informationen**
Sie erhalten Informationen über die Burg und ihre Öffnungszeiten.

Dort finden sie auch ganz spezielle Seiten für Kinder, mit denen sie den Burgbesuch vorbereiten oder nachbereiten können.

Sich mithilfe des Internets orientieren

Mithilfe der Themenkarten finden die Kinder in der Nähe des Schullandheimes noch weitere Sehenswürdigkeiten.
Auf der gegenüberliegenden Rosenburg bietet beispielsweise ein Falkenhof Flugvorführungen mit Greifvögeln an. Das interessiert die Kinder sehr und sie möchten diese Burg besuchen.

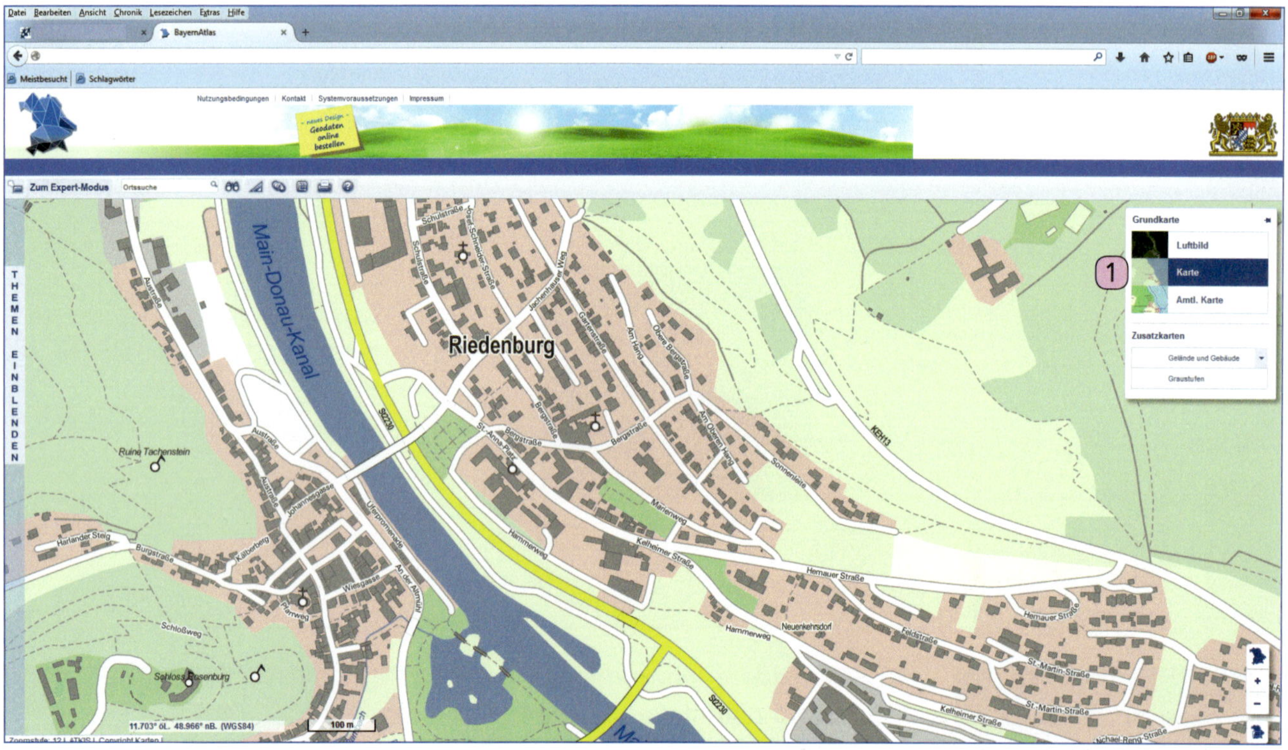

1 **Verschiedene Karten aufrufen**
Mithilfe verschiedener Karten können die Kinder erkennen, wo die Burg liegt, wie weit es dorthin ist und welchen Weg sie nehmen könnten.
Eine Luftbildaufnahme hilft ihnen dabei.

■ Mit Karten aus dem Internet arbeiten, Seite 118/119

Mit einem Screenshot eine Wanderkarte erstellen

Ihr nächstes Ziel ist Schloss Prunn. Für den Weg dorthin soll jedes Kind eine eigene Karte erhalten. Dies soll mithilfe eines Screenshots erstellt werden. Ein Screenshot (screen = Bildschirm) ist die Abbildung dessen, was man auf dem Bildschirm sieht. Zunächst wird die entsprechende Karte über das Internet aufgerufen.

Über die Zoomfunktion wird der richtige Kartenausschnitt gewählt.

Nun kann der Bildschirminhalt in die Zwischenablage kopiert werden:

(1) **Bild in die Zwischenablage kopieren**

Mit der [DRUCK]-Taste (= Screenshot) wird das Abbild der Karte in die Zwischenablage des Computers gespeichert.

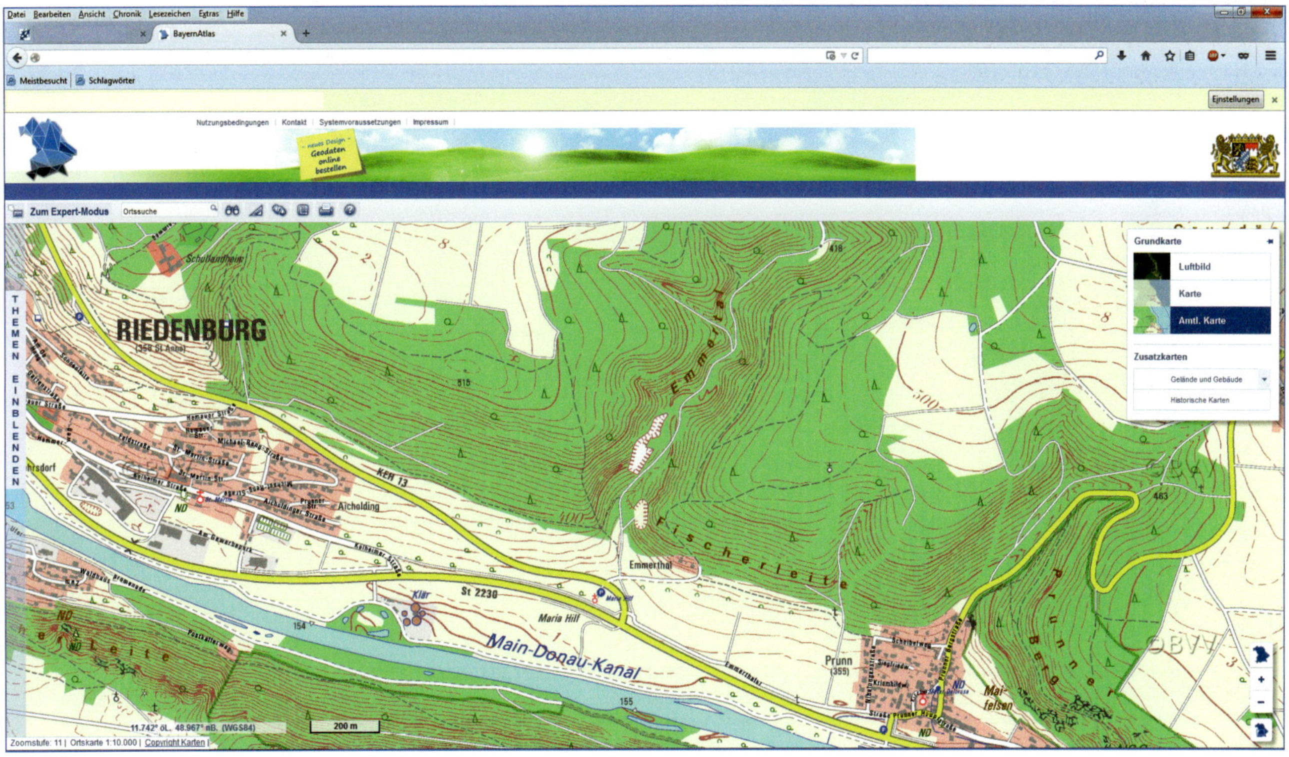

(2) **Textverarbeitungsprogramm aufrufen**

Nun wird ein **Textverarbeitungsprogramm** gestartet und in ein leeres Dokument der Screenshot eingefügt. Damit die Karte möglichst groß wird, richtet man die Seite am besten im Querformat ein.

(3) **Inhalt der Zwischenablage einfügen (Ausschneiden und einfügen = „copy & paste")**

Der Inhalt der Zwischenablage, die Kopie der Karte, kann nun entweder über das [Einfügen]-Symbol oder mit dem Befehl [Strg + V] in die Seite eingefügt werden.

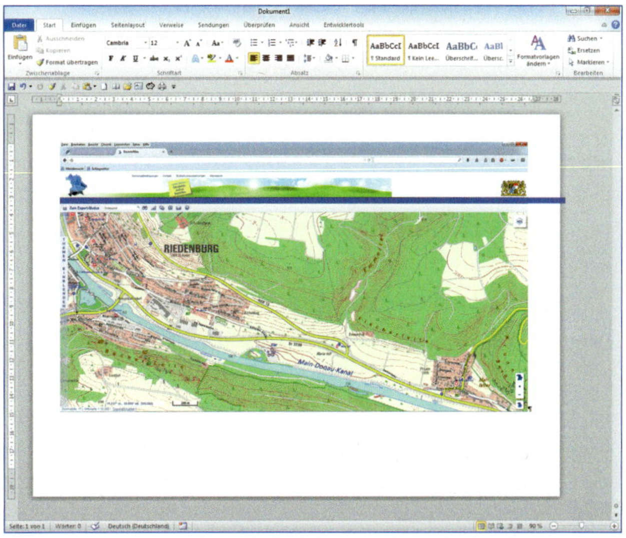

■ Eine Präsentation am Computer gestalten, Seite 123

Eine Abbildung im Textprogramm bearbeiten

(1) Grafik zuschneiden

Weil der Screenshot auch Elemente enthält, die nicht benötigt werden, soll die Abbildung zugeschnitten werden.
Nach einem Doppelklick auf die Grafik oder mit einem Klick auf die rechte Maustaste gelangt man bei den meisten Textverarbeitungsprogrammen in einen Bereich, in dem man Grafiken weiter bearbeiten kann. Nun wird auf das Symbol [Zuschneiden] geklickt.

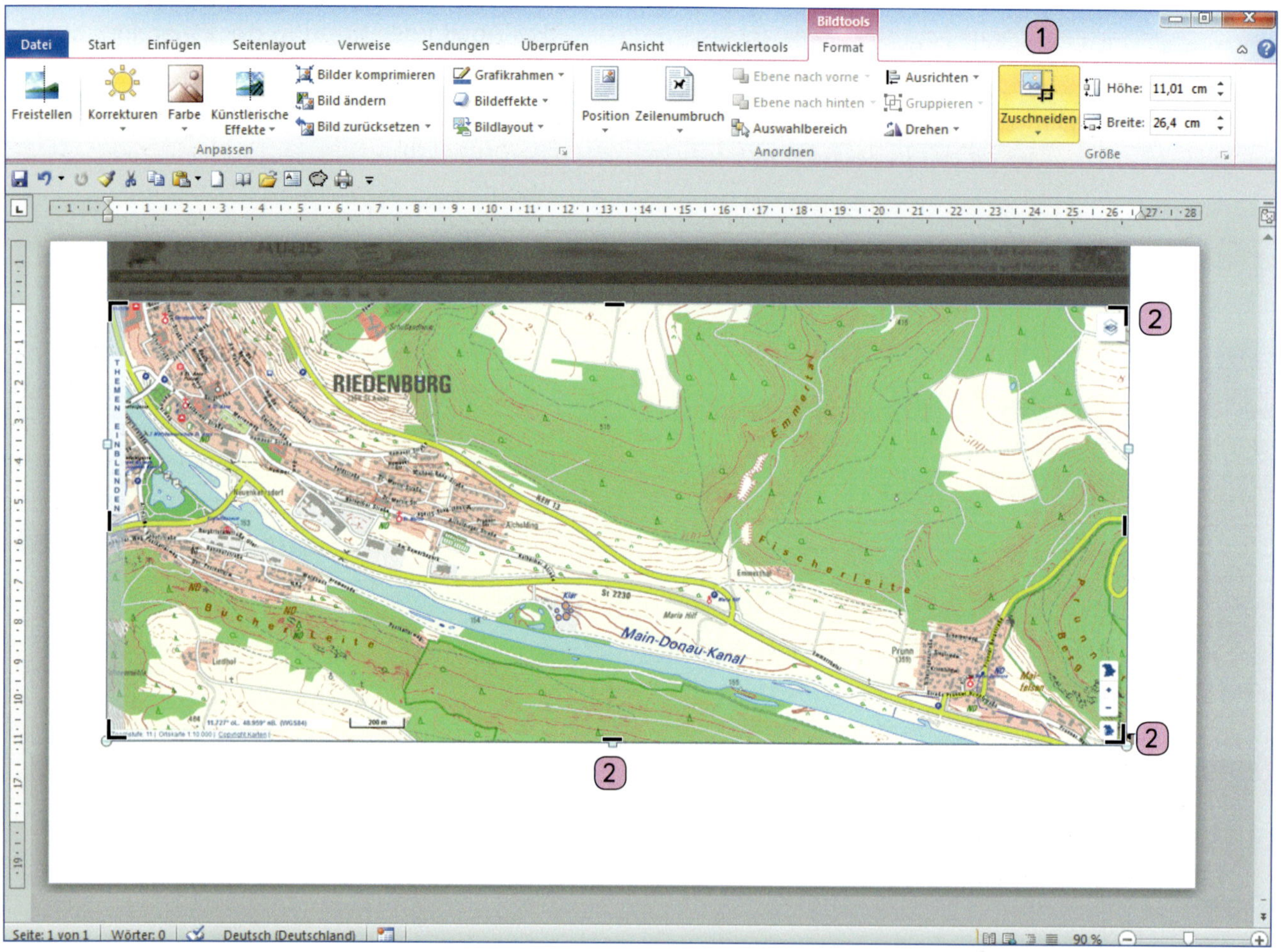

(2) Markierungen verschieben

Es erscheinen in der eingefügten Abbildung Markierungen, die man mit gedrückter Maustaste verschieben und so die Grafik auf die gewünschte Form zuschneiden kann.

Dann wird die Seite abgespeichert. Anschließend kann man sie ausdrucken.

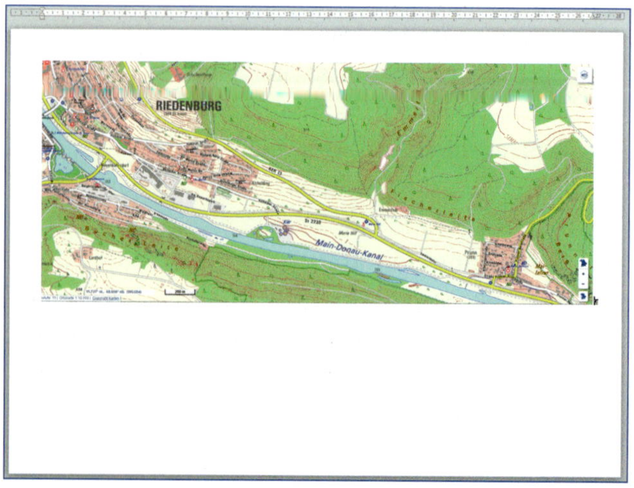

■ Eine Präsentation am Computer gestalten, Seite 123

Eine Präsentation am Computer gestalten

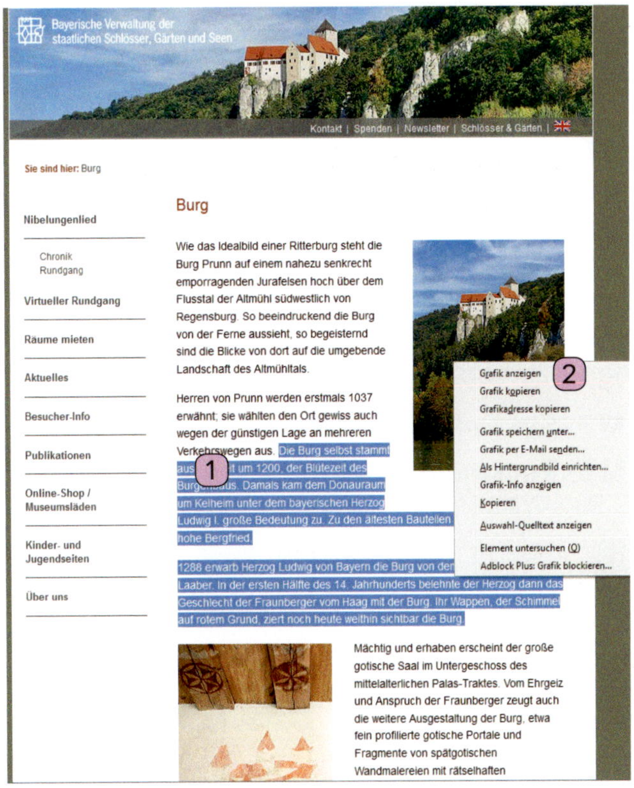

Die Kinder halten ihre Erlebnisse in einem Schultagebuch fest. Sie nutzen dabei auch Bilder und Texte von Internetseiten. Die Kinder müssen darauf achten, dass die Nutzung von Texten und Bildern erlaubt ist und nicht gegen Gesetze verstößt.

(1) Text übernehmen

Um einen Text aus einer Internetseite in ihr Tagebuch zu übernehmen, müssen sie den Text nicht abtippen. Sie markieren ihn mit der linken Maustaste, legen ihn mit dem Befehl [STRG + C] in die Zwischenablage ab und fügen ihn mit [STRG + V] im Textverarbeitungsprogramm in eine Seite ein.
Dort haben sie zuvor schon die Karte eingefügt.

(2) Fotos übernehmen

Auch das Foto der Burg können sie über die Zwischenablage in ihr Schultagebuch einfügen: Wenn man mit der rechten Maustaste auf das Bild klickt, öffnet sich ein Untermenü. Über den Befehl [Grafik kopieren] gelangt es in die Zwischenablage und von dort mit [STRG + V] in die Tagebuchseiten.

(3) Eigene Fotos einfügen

Die Kinder können auch selbst gemachte Fotos einfügen.
Dazu müssen sie die Fotos vom Fotoapparat oder Handy auf den Computer übertragen. Manchmal müssen die Fotos noch mit einem entsprechenden Programm bearbeitet werden, z. B. verkleinern oder einen Ausschnitt wählen. Dann können die eigenen Fotos eingefügt werden.

Copyright – Urheberrecht

Wer Fotos, Texte oder andere Materialien aus dem Internet oder aus anderen Quellen verwendet, muss sich vergewissern, ob dieses erlaubt ist. In der Regel können Texte und Bilder für persönliche oder schulische Zwecke als Ausdruck ohne Nachfrage verwendet werden. Man muss dabei stets angeben, woher das Material stammt (= Quellenangabe). Die Weitergabe der Text- und Bilddaten und das Veröffentlichen von Texten und Bildern im Internet oder Büchern ist ohne die Erlaubnis der Urheber verboten.

Dienstag, 23. Juni

Wanderung zum Schloss

Die Burg stammt aus der Zeit um 1200, der Blütezeit des Burgenbaus. Damals kam dem Donauraum um Kelheim unter dem bayerischen Herzog Ludwig I. große Bedeutung zu. Zu den ältesten Bauteilen gehört der 31 Meter hohe Bergfried.
1288 erwarb Herzog Ludwig von Bayern die Burg von den Herren von Prunn-Laaber. In der ersten Hälfte des 14. Jahrhunderts belehnte der Herzog dann das Geschlecht der Fraunberger vom Haag mit der Burg. Ihr Wappen, der Schimmel auf rotem Grund, ziert

Wir machten uns um 8.15 Uhr
Prunn. Zuerst ging es auf einem
Schon nach kurzer Zeit ...

Kleeblatt

Methoden-Werkstatt

So arbeitest du mit den Methoden-Seiten

Lies die Texte. Die Bilder helfen dir, die Anleitungen zu verstehen.

M 1 Mit dem Lexikon arbeiten

M 2 Bilder vergleichen

M 3 Daten auswerten

M 4 Lernkarten anlegen

M 5 Mit Lernkarten arbeiten

M 6 Ein Referat vorbereiten

M 7 Ein Referat halten

M 8 Rückmeldungen geben und annehmen

M 1 Mit dem Lexikon arbeiten

(1) Ein Lexikon ist ein Nachschlagewerk, das alphabetisch geordnet Fachbegriffe auflistet.

(2) Neben der Form als Buch gibt es Lexika auch auf CD/DVD oder online im Internet.

(3) Im Buchlexikon wird zuerst der Anfangsbuchstabe gesucht. Danach wird der gesuchte Begriff nach den Stichwörtern weiter eingegrenzt.

(4) Bei digitalen Nachschlagewerken wird der Suchbegriff ähnlich wie in einer Suchmaschine eingegeben. Der Computer ruft direkt den Begriff auf.

(5) In Buchlexika wie in digitalen Nachschlagewerken gibt es Verweise (Links) auf verwandte Begriffe.

M 2 Bilder vergleichen

(1) Beim Vergleichen von Bildern werden Gemeinsamkeiten und Unterschiede beschrieben. Dadurch lassen sich Entwicklungen und Zusammenhänge erkennen.

(2) Orientiere dich an den Bildunterschriften, wo und wann die Bilder aufgenommen wurden. Beschreibe den Inhalt der Bilder. Unterteile die Bilder in Vorder-, Mittel- und Hintergrund.

(3) Suche nach Merkmalen, die sich vergleichen lassen. Trage diese in eine Tabelle ein.

Vergleichsmerkmal	*1908*	*2010*
Art der Abbildung	*Foto: schwarz-weiß*	*Foto: farbig*
Aussehen des Edertals	*Durch das Tal fließt ein Fluss. Das linke Flussufer ist steiler und bewaldet. Am rechten flachen Flussufer erstrecken sich Felder und Wiesen.*	*Eine große Staumauer verschließt das Tal. Hinter der Mauer hat sich das Tal mit Wasser gefüllt. Es ist ein Stausee entstanden.*

(4) Werte den Vergleich aus. Nenne Gemeinsamkeiten und Unterschiede.

M 3 Daten auswerten

(1) Daten (Zahlen oder Zahlwerte) sowie Informationen werden zum schnellen Ablesen in Diagrammen dargestellt. Dabei bestimmen Absicht und Ziel des Diagramms die Form und Art der Darstellung.

Jahresniederschläge in München (Mittelwerte in mm)

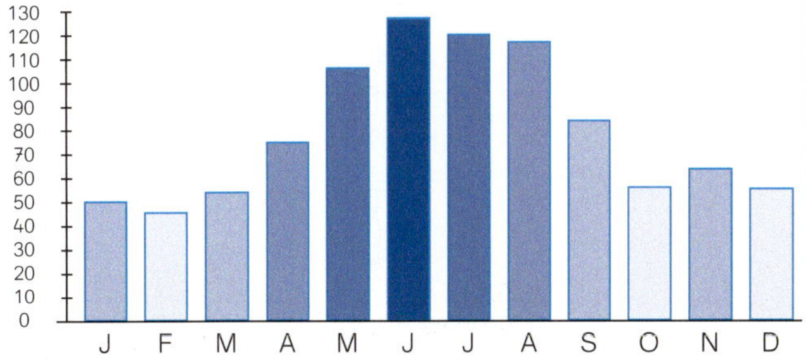

① **Säulendiagramme** stellen Häufigkeitsverteilungen dar.

Flächennutzung in München (Gesamtfläche 311 km² = 100)

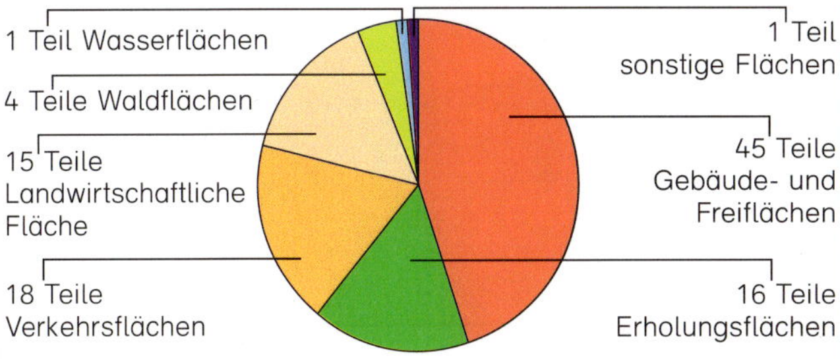

② **Kreisdiagramme** stellen Einzelwerte als Ganzes dar.

Temperaturen in München (Mittelwerte in Grand Celsius = °C)

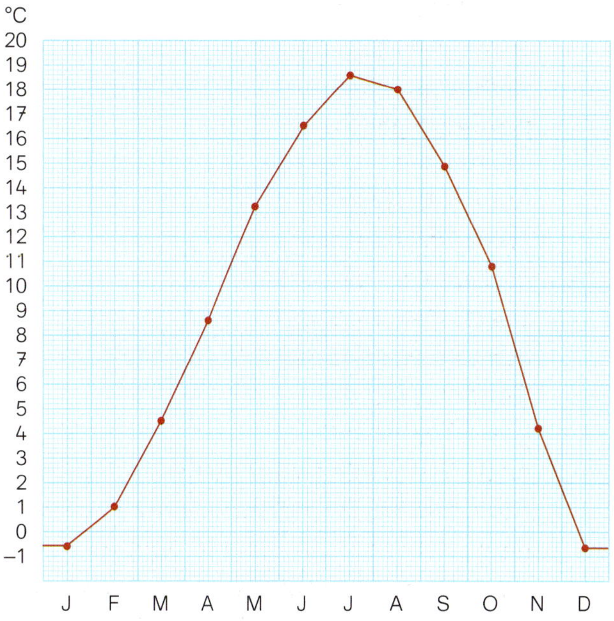

③ **Kurvendiagramme** stellen Entwicklungen dar.

M 4 Lernkarten anlegen

1 Lernkarten sind Hilfsmittel, um sich Gelerntes besser merken zu können. Durch systematisches Wiederholen wird das Gelernte im Langzeitgedächtnis gespeichert.

2 Zum Anlegen der Lernkarten wird stärkeres Papier (120 g bis 200 g) verwendet.

3 Falte das DIN-A4-Blatt in der Mitte und schneide es dann an der Faltlinie. Falte die neuen Papierteile wieder in der Mitte und schneide sie. Wiederhohle dieses, bis du 16 Lernkarten erhältst.

4 Auf die Vorderseite der Lernkarte wird eine Frage oder Aufgabe geschrieben. Auf der Rückseite wird dazu die Antwort notiert.

5 Die Karten werden am besten in einer Lernbox aufbewahrt.

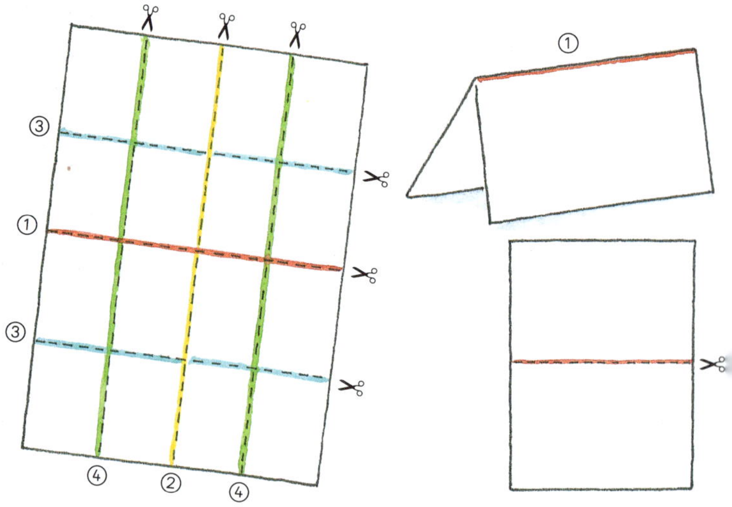

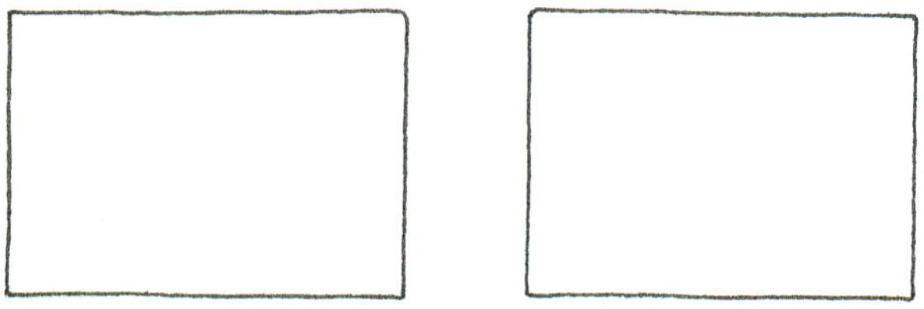

Vorderseite mit Frage *Rückseite mit Antwort*

M 5 Mit Lernkarten arbeiten

1 Lege dir Lernkarten zu Themen und Inhalten an, die du dir lange merken möchtest.

2 Sortiere neue Lernkarten in das Fach 1 ein.

3 Lerninhalte aus dem Fach 1 bearbeitest du täglich. Hast du die Frage richtig beantwortet, wird die Lernkarte nun im Fach 2 nach hinten einsortiert. Wurde die Frage falsch beantwortet, kommt sie wieder in das Fach 1 nach hinten.

4 Fragen aus dem Fach 2 bearbeitest du einmal pro Woche. Richtig beantwortete Fragen kommen in das Fach 3 nach hinten, falsch beantwortete wieder in das Fach 1.

5 Lernkarten aus dem Fach 3 bearbeitest du einmal im Monat. Falsch beantwortete Fragen kommen zurück in das Fach 1.

Richtig beantwortete Lernkarten aus dem Fach 3 lagerst du außerhalb der Lernbox. Bearbeite sie erneut nach einem halben Jahr.

Vorschläge für Lernkarten

Deutsch:	*Fachbegriffe zur Grammatik*
	Regeln zur Rechtschreibung
Mathematik:	*Rechengeschichten, Aufgaben*
	Rechenregeln mit Beispielen
Sachunterricht:	*Verkehrsregeln/Radfahrprüfung*
	Kartenzeichen, Bundesländer
Englisch:	*Vokabeln*

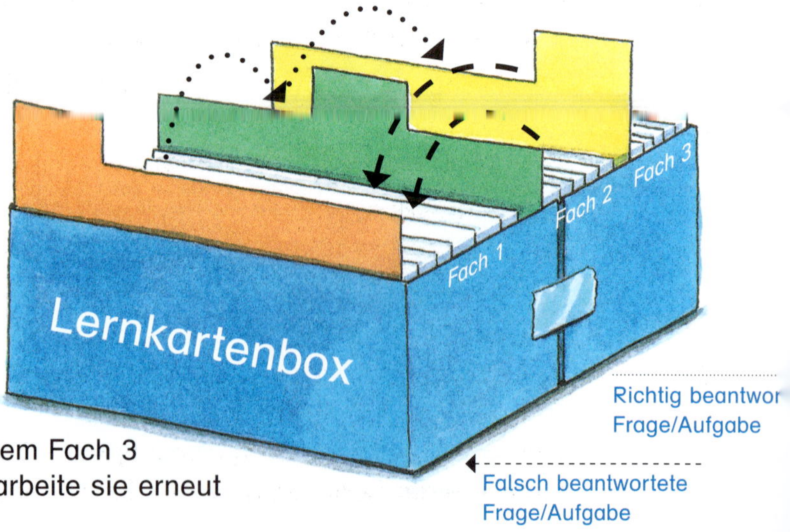

M 6 Ein Referat vorbereiten

Ein Referat ist ein kurzer Vortrag zu einem Thema, das dir gestellt wird oder du dir selbst aussuchst. Bei der Vorbereitung sind folgende Schritte zu berücksichtigen:

1 **Thema erfassen**
- Lies die Aufgabenstellung durch. Sprich den Zeitumfang ab.
- Überlege, was im Referat dargestellt werden soll.
- Gliedere das Thema in Unterthemen (Schwerpunkte).

2 **Informationen sammeln**
- Informiere dich in Büchern, im Internet, in Lexika.
- Notiere die Quellen, aus denen du dich informierst.
- Nutze nur Informationsmaterial, das du gut verstehst.

3 **Informationen ordnen**
- Ordne die Informationen den Unterthemen zu.
- Ordne den Unterthemen eventuell Bilder oder Filme zu.
- Lege die Reihenfolge der Unterthemen fest.

4 **Informationen auswerten**
- Lies die geordneten Informationen genau durch.
- Sortiere doppelte und unwichtige Informationen aus.
- Verzichte auf schwer erklärbare Informationen.

5 **Referat ausarbeiten**
- Lege für jedes Unterthema (Überschrift) eine Karteikarte an.
- Nummeriere diese in der Reihenfolge der Themen.
- Notiere dazu in Stichworten die wichtigen Informationen.

6 **Referat üben**
- Sprich dir das Referat (vor einem Spiegel) laut vor.
- Beachte die Zeit, die dir zur Verfügung steht.
- Formuliere kurze und verständliche Sätze.

Im Beispiel soll ein Referat über einheimische Biber vorbereitet werden.
Übe an diesem Beispiel oder einem ähnlichen Thema die Vorbereitung eines Referates.

Zu 1
- **Biber in Deutschland**, das Referat soll ca. 10 Minuten dauern.
- Lebensweise und Verbreitung der Biber sollen vorgestellt werden.
- Steckbrief zum Biber und Vorkommen (Verbreitung) der Biber.

Zu 2
- Suchbegriffe im Internet: Biber, Biber in Deutschland, Biber fällt Baum
- Informiere dich unter: www.bibermanagement.de
  www.bund-naturschutz.de/fakten/biber/steckbrief.html
  www.br.de/themen/wissen/wildtiere-bayern-biber104.html

Zu 3
- Unterthemen: **Aussehen, Lebensraum, Lebensweise, Fortpflanzung, Nahrung, Vorkommen.**
- Die Texte werden gelesen und eventuell ausgedruckt.
- Ein oder zwei passende Bilder und eventuell ein Film aus dem Internet werden ausgesucht.

Zu 4
- Vergleiche die Informationen zu den verschiedenen Unterthemen.
- Kläre Fragen. Benutze nur das Material, das du verstehst.
- Wähle nur die wichtigen Informationen aus.

Zu 5
- Lege Karteikarten zu den Unterthemen an.
- Notiere in Stichworten die wichtigen Informationen.
- Bereite Anschauungsmaterial (z. B. ein Plakat) vor.

5 Nahrung der Biber
– Biber sind Pflanzenfresser,
– im Sommer: vorwiegend Kräuter, gerne auch Feldfrüchte,
– im Winter Zweige und Rinde,
– mit Vorliebe Pappeln, Weiden, Erle, Birke, Seerosen,
– im Winter werden Vorräte unter Wasser vor den Wohnbauten gelagert

Zu 6
- Lies dir die Karteikarten mehrmals durch.
- Sprich dir das Referat möglichst frei vor. Beachte die Zeit.
- Benutze das Anschauungsmaterial, z. B.: Zeige Bilder vom Biber, erkläre die Verbreitung der Biber in Deutschland mithilfe einer Karte, zeige einen Film über Biber aus dem Internet.

M 7 Ein Referat halten

Viele Kinder, die ein Referat halten sollen, sind vorher ein wenig aufgeregt.
Wenn du gut übst und die folgenden Schritte beachtest, kannst du erfolgreich ein Referat halten.

1 Vor dem Referat
- Halte die Karteikarten (Stichwortzettel) bereit.
- Lege oder hänge das Anschauungsmaterial aus (z. B. Plakat).
- Prüfe technische Hilfsmittel (PC, Beamer, Overheadprojektor).
- Sorge dafür, dass der Raum vorher gut gelüftet wurde.

2 Zu Beginn des Referates
- Begrüße die Zuhörer freundlich und stelle dich vor.
- Stelle das Thema des Referates vor.
- Teile den Zuhörern die Gliederung des Referates mit.
- Informiere die Zuhörer, ob Zwischenfragen erlaubt sind.
- Wecke das Interesse der Zuhörer, z. B. durch ein Bild.

3 Während des Referates
- Sprich laut, deutlich, langsam und möglichst frei.
- Lege kurze Pausen ein und halte Blickkontakt zum Publikum.
- Vermeide lange Sätze, schwere Fachausdrücke, Fremdwörter.
- Halte dich an deine Planung und beachte die Zeit.
- Formuliere zum Schluss eine kurze Zusammenfassung.

4 Nach dem Referat
- Bedanke dich bei den Zuhörern für die Aufmerksamkeit.
- Gib den Zuhörern die Möglichkeit, Fragen zu stellen.
- Bitte die Zuhörer um Rückmeldungen zu deinem Referat.

M 8 Rückmeldungen geben und annehmen

Rückmeldungen, auch Feedback genannt, sollen für den, der sie erhält, hilfreich sein.
Das setzt voraus, dass Rückmeldungen willkommen sind und man sich gegenseitig vertraut und respektiert. Beim Geben und Annehmen von Rückmeldungen sollten folgende fünf Regeln beachtet werden:

Rückmeldung geben

1. Gib deine Rückmeldung nach Möglichkeit durch „ICH-Botschaften“.
   B.: „Ich konnte beobachten, dass …”
   „Ich finde, dass du gut …”
2. Nenne zunächst das Gelungene (Referat, Plakat).
   B.: „Ich fand richtig toll, wie du …“
3. Beschreibe die Leistung offen und ehrlich, aber bewerte sie nicht.
   B.: „Mir ist aufgefallen, dass …“
4. Bleibe bei der Rückmeldung sachlich und werde nicht persönlich.
   B.: „Ich konnte nicht genau …“
5. Unterbreite anstelle von Kritik Verbesserungsvorschläge.
   B.: „Vielleicht könntest du …“

Rückmeldung annehmen

1. Höre bei der Rückmeldung genau zu.
2. Zuhören heißt: In Ruhe ausreden lassen und sich nicht zu rechtfertigen oder zu verteidigen.
3. Frage allerdings sofort nach, wenn dir etwas unklar an der Rückmeldung ist.
   B.: „Meinst du, dass …?“
   „Habe ich richtig verstanden, …?“
4. Überlege, welche Hinweise und Tipps der Rückmeldung dir helfen.
5. Bedanke dich zum Schluss für die Rückmeldung.
   B.: „Vielen Dank für die Rückmeldung und die nützlichen Hinweise.“
   „Danke für die hilfreichen Tipps.“